JN410743

꿈을 찾아 나선 여섯 아이들의 미국여행기

도서출판 사람들

꿈을 찾아 나선 여섯 아이들의 미국여행기

애들아! 미국 놀러가자

초판 1쇄 발행 _ 2014년04월07일

지은이 _ 김민영,민경서,류지현,우가연,이민재,유희민

지도교사 _ 김경숙

펴낸이 _ 김명석

표지 _김교민

마케팅 _정지희

제작인쇄 _ 정문사

펴낸곳 _ 도서출판 엘티에스 출판부 "사람들"

등 록 _ 제2011-78호

주 소 _ 서울시 관악구 신림동 103-117번지 5F

전 화 _ 02-587-8607

팩 스 _ 02-876-8607

블로그 _ http://blog.daum.net/ltslaw

이메일 _ ltslaw@hanmail.net

ISBN 978-89-97653-76-8-03810

정가 15,000원

얘들아! 미국, 놀러가자

꿈을 찾아 나선 여섯 아이들의 미국여행기

지은이

유희민
이민재
우가연
류지현
민경서
김민영

사람들

나이아가라
폭포
보스턴
뉴욕
워싱턴

차례

우리는 왜 여행을 떠날까요?

지도교사 김경숙

우리는 왜 여행을 떠날까요? 좋은 풍경과 책, 친한 사람들과 익숙한 음식들…. 굳이 이런 것들을 마다하고 낯선 나라, 언어도 통하지 않는 곳을 자처해서 찾아가는 고생을 감수하는 걸까요? 그것도 불편하고 좁은 좌석에 끼여 열일곱시간이 넘는 비행을 하면서 말입니다.

요즘 아이들은 하루 24시간이 부족할 만큼 학교와 학원을 오가곤 합니다. 물론 집에서는 예습과 복습을 하느라 정신이 없지요. 자기 자신의 꿈이 무엇이고 하고 싶은 일이 무엇인지조차 제대로 알지 못한 채 말입니다. 아이들은 스스로에게 자신의 꿈을 물어볼 여유조차 없습니다. 매일 학원을 가고, 학교에서 본 시험 점수를 통해 자신을 다독이고, 그것만이 최선이라고 믿고 있지만 사실은 그것이 어떤 미래를 위해서 하는 것인지 모르는 채 한 시절을 보내고 있습니다.

그런 아이들에게 하고 싶은 일, 해서 즐거운 일, 오랫동안 할 수 있는 일을 찾을 수 있도록 동기부여를 하고 싶었습니다. 먹을 것은 풍부하지만 체력이 약하고, 모든 게 갖추어지고 하고 싶은 일을 하고 있지만 정신력이 부족한 게 요즘 아이들의 현실이라고 생각했습니다. 여행을 통해 "나"를 뒤돌아보고 남을 배려할 줄 아는 아이로 성장했으면 했습니다. 집을 떠나면 작은 것에도 민감하고 날카로워지곤 합니다. 우리나라보다 잘사는 나라의 사람들은 어떻게 살고, 우리나라보다 못 사는 나라의 사람들은 어떻게 어려움을 극복해내고 있고, 또 잘 사는 나라에서는 그 사람들의 지혜를 배우고, 어려움을 극복하지 못하고 지금도 못사는 나라에서는 반성과 희망을 배울 수 있는 기회를 갖게 하는 것이 목표였습니다. 선진국을 다녀왔으면 그 다음에는 후진국을 다녀와 매일 똑같은 생활의 수레바퀴에서 벗어나 또 다른 환경에서 자신을 뒤돌아보고 모든 것을 버리고 다시 채워 넣을 수 있는 여유를 가졌으면 해서 여행을 시작하게 되었습니다.

요즘 우리나라의 가정에선 핵가족으로 생활하는 일이 많습니다. 그러다보니 내 위주의 생활들에 익숙해지고 나만 아는 아이로 자라기 쉽습니다. 내가 생활하는 공간에서 벗어나 다른 사람들과 생활할 때는 불편함도 있지만 그 불편함을 경험함으로써 모난 부분들이 둥글어지는 게 아닐까요? 아이들은 함께 하는 여행을 통해 친구들에게 지켜야 할 것들과 서로를 배려하는 마음을 배우게 됩니다. 분명 마음에 들지 않는 부분도, 의견이 맞지 않아 힘들었던 부분도 있었을 겁니다. 그러나 조금씩 의견을 조율해나가고 양보를 할 때와 다른 사람을 설득시키는 과정들을 통해 단체 생활에서의 중요성과 태도를 알게 됩니다. 그 뿐인가요? 유적지에서 지켜야 할 질서, 여행한 나라에서 지켜야 할 예절을 익히면서 '틀림'이 아닌 '다름'을 배우게 됩니다.

여행을 통해 자신이 그 나라 사람으로서 일정 시간 동안 생활한다는 생각으로 우리와는 다른 문화 체험을 하며 이해의 폭을 넓히게 되지요. 머리로만 알고 있는 것과 실제 행동하게 되는 건 많이 다릅니다. 걱정했던 것보다 아이들은 훨씬 더 잘해줬고, 어쩌면 아이들에겐 새로운 세계로 향하는 문을 열어주기만 하면 된다는 생각이 들 정도였습니다. 아이들은 우리가 생각하는 것보다 훨씬 가능성이 넘치고 재기발랄했습니다.

역사는 과거의 시간과 사람들을 만나는 장소입니다. 건축물을 보면 과거 사람들의 삶을 들여다 볼 수 있고, 먹을 것, 입을 것, 잠잘 곳이 만들어지는 것 역시 기후에 따라 변화하고 시대의 흐름에 따라 달라집니다. 그 사람들을 변화하게 만든 것들을 체감할 수 있는 것이 바로 여행의 매력일 겁니다. 멀게만 느껴지는 세계 역사와 문화 유적을 보고 나면 우리나라의 현재와 미래를 보는 관점 역시 변할 것입니다. 아이들은 이곳의 과거를 보며 어떤 미래를 상상했을까요?

어른이 되기까지 수많은 험난한 과정이 함께 할 겁니다. 그때그때 상황에 따라 생각을 결정하고, 행동을 해야 하는 일이 많이 있겠지요. 누군가에게 의존해 타인의 결정에 그대로 따르는 사람과는 달리 많이 보고, 생각하고, 말하고, 들어 본 사람은 학습으로 익혀지지 않았더라도 자신에게 올바른 선택을 하리라 믿습니다. 그로 인해 자신감이 생기고 겸손을 갖춘 당당함으로, 그리고 진정한 '나'로 성장해 나갑니다.

아이들이 자신을 멋지다, 훌륭하다, 괜찮은 사람이다, 라고 생각할 수 있는 사람으로 자랄 수 있길, 이 여행을 통해 행동과 생각을 키워 나가길 바라고 또 이미 그런 아이가 되어있음을 믿습니다.

Mee.

UNITED NATIONS
New York

NATIONS UNIES
Genève

Bronze sculpture "Let Us Beat Our Swords into Ploughshares,"
by Evgeny Vuchetich

Hello U.N.

매번 중요하다고 생각했지만 왜 중요한지 잘 몰랐었다. 이번 유엔을 방문하면서 회의장도 직접 들어가보고 설명도 들으면서 UN에 대해 좀 더 자세히 알게 되었다.

미국 뉴욕에 7만3천m^2인 곳에서 전 세계 그 넓은 나라들에 다 영향을 뻗치는 것이 되게 놀랐다.

이렇게 UN을 방문하면서 많은 것을 알게 되고 깨달았습니다. 세계 국제기구를 개방한다는 굉장히 큰 결심이셨을텐데 열어주셔서 이런 멋진 경험을 한 것 같습니다. 감사합니다.

- 2013. 7. 2X · 뉴욕 -

김민영

9 780000 025418

훗날, 내가 지은 건물을 보고 누군가 더 큰 꿈을 키울 수 있을까?

김민영 미래의 건축사

크라이슬러 빌딩은 연필에서 영감을 얻어 지어졌다고 한다. 그래서인지 꼭 연필심의 뾰족한 부분을 나타내는 것같은 첨탑이 특징이다. 사소한 것 하나에서도 새로움을 이끌어낼 수 있는 상상력. 나는 왜 멋진 건물을 보면 부럽고 질투심까지 느끼는 걸까?

뉴욕항

뉴욕도 그렇고 런던, 파리 심지어 서울의 공통점은?! 그 나라의 유명도시라는 점이다! 그리고 모두 도시를 대표하는 강이 흐르고 있다는 사실! 옛날부터 사람이 사는 데엔 물이 있어야 한다는 소릴 들었는데 역시 도시의 전제 조건은 강을 끼고 있어야 한다. 식수원이 없는 땅에 많은 사람들이 모여 도시를 이룰 수 없는 건 자명한 이치다.

걷고 걸어서 도착한 뉴욕의 17번 항구는 예상과 달리 정감 있는 풍경이었다. '뉴욕'이라는 단어가 뿜어내는 환상일지 모르겠지만 나는 좀 더 세련된, 영화에서 봐왔던 항구를 상상했었다. 크고 멋진 크루즈 배들과 으리으리한 정박 시설들 같은. 오히려 붉은 벽돌로 만들어진 예쁘고 고즈넉한 옛날 건물들로 이루어진 항구는 소박하면서도 정겨웠고 우직해 보이기까지 했다.

뉴욕항은 허드슨 강과 뉴욕시 주변 강의 커다란 항만 지대를 모두 합쳐 뉴욕항이라고 지칭하는데, 이 11개의 항구들이 바로 미국 동부의 관문항이 된다. 세계 상업의 중심지이면서 원유 수입항이고 항만 물류의 총량 역시 두 번째로 큰 곳이다. 그런 걸 보면 뉴욕을 항구도시라고 부르는 게 오히려 맞는 말인지도 모르겠다. 바닷가에 건설된 뉴욕이라는 도시가 사실은 기반이 단단한 돌덩이라는 걸 생각해보면(농사에 적합하지 않은 땅인데다 센트럴파크를 일부러 지어야 할 정도의 땅이니까!) 바다와 맞닿아 수많은 사람들과 물류들이 운반되면서 도시가 발달했다는 생각이 든다. 월스트리트부터 쭉 뉴욕항으로 걸어오는 동안 들었던 설명처럼, 영국 이주민들의 공격을 방어하기 위해 만든 네덜란드의 방어벽의 의미로 '월'스트리트라고 부

른다고 하니 새로운 시대의 입구가 뉴욕이라고 해도 넘치는 말은 아닐 것 같다. 새로운 태평양 시대가 시작되고 수많은 이민자들이 처음 발을 디딘 바로 이 뉴욕항에 서 있다고 생각하니 기분이 짜릿했다.

서울의 한강 주변에는 공원과 카페, 수영장과 산책로 등 많은 사람들을 위한 편의시설들이 있는 것에 반해 허드슨 강의 17번 항구에는 많은 상점이 모여 있는 상가 건물 하나가 전부였다. 옛날 이민자들이 아메리칸 드림을 안고 도착했을 때 그들을 반겼던 것도 저 상가였을까? 그 상가와 페리를 타는 곳 가운데에 마셜 아트를 연습하는 공간이 있었다. 그곳에서 공연을 하는지, 연습을 하는 곳인지 알 수 없었지만 곡예와 같은 기술들을 연습하고 촬영하며 토론하고 있었다. 페리를 타기 위해 기다리는 동안 나는 그들에게서 눈을 떼지 못했다. 사실 〈맘마미아〉같은 뮤지컬을 봤을 때도 재미있긴 했지만 영어로만 이루어져 절반은 알아 듣고, 절반은 이해하지 못한 채 넘어갔었는데 행동으로 보여주는 마셜아트는 좀 더 공감하기 쉬워서 그랬는지도 모르겠다. 공중에서 몇 바퀴를 돌거나 두

명이 양쪽에서 동시에 뛰어 모양을 만들어내는 아찔한 모습에 내가 긴장을 해 주먹을 꽉 쥐는 바람에 손바닥에 손톱자국이 날 정도였다. 나뿐만이 아니라 우리 뒷줄 단체 중국 관광객들은 그들이 성공적으로 끝낼 때마다 박수를 쳐주었다. 우리의 박수에 보답이라도 하듯 더 열심히 연습하는 그들을 보고 있으니 페리의 줄이 금방 줄어들었다.

아마 그들의 공연이 없었다면 한 시간이 조금 안 되는 시간 동안 줄을 서는 것이 고역이었을 것 같다. 흐리고 습기에 찬 뉴욕의 날씨에 다른 사람들도 아마 같은 마음이었지 않았을까. 긴 줄만큼이나 많은 사람들이 모여 있었던 만큼 트러블이 없을 수가 없었다. 새치기를 하는 사람들도 있었고 단체 관광객들이 많았던 탓에 중간에서 줄이 끊기는 일을 방지하기 위해 서로 이야기를 하는 도중 갑자기 들어가겠다고 주장해 말싸움이 일어나기도 했었다. 싸우기도 지쳤는지 단체 관광객들을 먼저 입장시키긴 했지만 다들 눈살을 찌푸리며 짜증을 냈다. 입장할 때에 들어보니, 인원이 많아 원래는 팀의 절반이 우선 타고, 다음 페리에 나머지가 타기로 안내했다는데 전달하는 과정에서 착오가 있었던 모양이었다. 여행을 하다보면 이런저런 일들로 오해가 생기거나 작은 실수들로 기분이 상하기도 하지만 화내는 사람이 지는 것! 여행에선 기분이 다운되는 것만큼 최악의 일도 없다는 걸 몇 번의 여행을 통해 이미 경험했으니 그저 털어버리면 그만이라고 생각했다. 페리는 다시 도착할 테고 기왕 기다린 거 조

뉴욕항은 허드슨 강과 뉴욕시 주변 강의 커다란 항만 지대를 모두 뉴욕항이라고 지칭하는데 11개의 항구들을 포함해 미국 동부의 관문항으로 불리운다.

마셜 아트를 연습하는 사람들

금만 더 기다리면 되는 일이니까. 금방 다음 페리는 도착했고 도착하자마자 야외의 명당으로 가 자리를 잡고나자 오히려 잘됐다는 생각이 들었다. 승객들이 거의 찬 페리에 마지막으로 들어갔으면 사진을 찍기도 불편했을 테고 이렇게 좋은 자리는 차지하지도 못했을 테니까 말이다.

마치 바닷바람 같은 세찬 바람이 온 전신을 훑고 지나갔다. 역시 뉴욕이 항구도시라고 불리울 만큼, 바다와 이어지는 넓은 허드슨 강이 내 눈앞에 펼쳐져 있었다. 페리를 타고 처음 마주친 브루클린 브릿지는 정말 길었다. 가까이서 보니 거대한 철골에 압도되어 브루클린 브릿지가 멀어질 때까지 얼이 빠져 있었다. 아버지와 아들이 대를 이어 설계하고 완공시켰다는 브루클린 브릿지는 완공 당시에 이미 세계 8대 불가사의로 불렸을 정도로 압권이었다. 고딕 양식의 석조 장식은 영국의 런던 브릿지 느낌을 주기도 하면서 동시에 케이블선이 휘감고 있는 느낌은 고풍스러우면서도 현대적이었다. 뉴욕에 오면 꼭 해봐야 할 일 중 하나가 바로 브루클린 브릿지를 걸어서 직접 건너는 거라고 하는데 이렇게 다리 아래를 건너는 것만으로 만족해야 한다는 아쉬움에 시간을 돌리고 싶었다. 일정을 다시 짤 수 있다면! 욕심을 내서라도 튼튼한 두 다리에 예쁜 운동화를 신고 브루클린 브릿지를 걷는 건데….

한 눈에 보일만큼 멀어지니 맨해튼과 함께 보이는 브루클린 브릿지는 대박이었다. 마치 잘 찍은 포토그래퍼의 사진과 만나게 된 기분이랄까. 내가 이 광경을 봤다는 사실 자체에 신이 났다. 위치를 제외하면 한강의 다리도 서울이라는 풍경과 어우러지는 다리인데 뭐가 다르기에 하나엔 열광하고 다른 하나는 밋밋하다고 느끼는 것일까? 단지 익숙해서일까? 물론 익숙해서일 수도 있겠지만 외형적인 면에서 압도되었기 때문일 것이다. 한강의 다리들을 떠올려보면 미적으로 우수하다기보다 강북과 강남을 이어주는 이어주는 기능적인 느낌이 강하고 그에 반해 브루클린 브릿지는 마치 한 폭의 그림처럼 느껴졌다. 오랜 시간을 머금고 있는 클래식한 느낌이랄까. 그래서 뉴욕에 오면 꼭 해봐야 하는 것 중 하나가 브루클린 브릿지를 도보로 걸어보는 일이라고 하는 거구나. 여행을 오기 전 여행 서적을 읽을 때엔 와 닿지 않는 것들이 오고 나니 그제야 고개를 끄덕이게 한다. 생각해보면 나도 얼마 전 마포대교를 건넌 적이 있다. 이젠 마포대교라는 이름보다 '생명의 다리'라는 이름으로 알려졌는데 자살률이 높은 이 다리를 어떻게 하면 좋을까, 해서 새롭게 단장해 이젠 힐링의 다리가 된 곳이다. 사람들이 지나가는 걸 센서가 감지해 그것에 맞춰 조명이 켜지는데, 난간엔 '힘들었지?' '괜찮아' '안아줄게'와 같은 위로의 메시지가 적혀 있어 신기하기도 하고 다리를 걷는 동안 마음이 따뜻해지기도 했다. 아직까진 좀 부족하지만 한강의 다리들이 이런 다리 이외의 기능으로도 발전시키면 또 다른 볼거리가 되지 않을까?

엠파이어 스테이트 빌딩

킹콩은 왜 엠파이어스테이트 빌딩을 올라갔을까?

영화 〈킹콩〉에 나온 대사였는데 영화 속에서 이에 대한 대답이 나왔는지 안 나왔는지 잘 기억이 나지 않는다. 내가 뉴욕에 대한 환상을 갖게 된 것도 바로 이 엠파이어스테이트 빌딩이었는데 그 물음에 대한 나름의 대답을 내리고 싶었다. 단순히 거대하다거나 대단하다는 말로는 표현되지 않는, 정말 왜, 하필 엠파이어스테이트였는지에 대해 말이다. 1930년대가 배경인 영화에선 뉴욕의 옛 모습이 나온다. 당시의 뉴욕은 전형적인 항구도시의 모습이었다. 뉴욕의 고층 빌딩의 전경들이 펼쳐지며 킹콩은 천천히 엠파이어스테이트의 외벽을 타고 올라간다. 그리고 첨탑 직전의 꼭대기 부근에 앉아 여주인공을 바라보는데 그때, 과거의 뉴욕 풍경이 보인다. 그때만 해도 항구도시의 모습이 강했는지 붉게 물든 허드슨 강과 부두의 풍경, 딱딱하고 네모난 엠파이어스테이트와 반대로 화려하고 여성스럽게 보이는 크라이슬러 빌딩의 모습까지. 나도 킹콩에 나온 그 장면처럼 뉴욕을 내려다보고 싶었다.

기대가 크면 실망도 큰 법이라고 했던가. 흐리고 안개가 낀 날씨 탓에 저 멀리의 풍경까지 보기는 어려웠고 건물들의 윤곽을 보기도 힘들었다. 가는 날이 장날이라더니. 게다가 영화와 달리 엠파이어스테이트 빌딩의 전망대 앞엔 이제 수많은 고층빌딩이 들어선 탓에 앞이 확 트여있지도 않았고 정면으로 다른 건물들을 보기도 힘들었다. 게다가 제일 바보 같은 사실은 엠파이어스테이트 빌딩에선 엠파이어스테이트의 특징인 첨탑이 보이지 않는다는 사실이다. 바보! 락펠러 센터의 전망대에 올라갔어야 온전하게 엠파이어스테이트 빌딩을 볼 수 있는 건데! 피렌체에서도 두우모에 올라가고 나서 그 앞에 있는 조또의 탑에 올랐어야 두우모의 전경을 다 내려다볼 수 있다고 땅을 치고 후회해놓고 이번에도 그러다니! 그래도 엠파이어스테이트에 올라온 만큼 뉴욕의 전경도, 빌딩의 내부도 제대로 보고 가야겠다고 다짐하며 흐린 날씨에도 전망대에 달라붙어 뉴욕을 내려다보았다.

엠파이어스테이트 빌딩 안을 들어가면 1층 로비부터 금빛이 휘황찬란하다. 정면으로는 금빛으로 조각된 엠파이어스테이트 빌딩의 모습이 있었고 마치 금으로 도배된 것 마냥 번쩍번쩍했다. 전망대로 오르기까지 꽤나 복잡한 절차를 거쳐야 하는데, 에스컬레이터를 타고 2층으로 올라가서 안내원의 지시에 따라 돌고 돌아 줄을 서서 짐 검사를 하고, 엘리베이터를 타기 위해 기다렸다. 마치 놀이기구를 타는 것처럼 길게 줄지어 서서 꼭 신밧드를 타야 될 것 같은 분위기라며 농담을 하고 있는데 중간에 기념사진을 찍는 곳을 발견했다. 하얀 배경에서 사진을 찍으면 엠파이어스테이트 빌딩 전망대에서 바라본 뉴욕 풍경과 합성을 해주는 모양이었다. 정말 놀이공원 같은 분위기? 생각해보면 뉴욕의 명소들은 관광지 같은 곳이 아닌데도(공원이라든가 고층 빌딩이라든가 도서관, 증권시장 등 다른 관광지에 비해서 핀트가 조금 다른 느낌이다) 관광지처럼 해놓고 관광수입을 이런저런(?) 방법으로 버는 걸 보면 역시 자본주의의 나라, 라는 느낌이 들기도 하고?! 아무튼 긴 줄을 기다리는 동안 관광객들이 볼 수 있게 엠파이어스테이트 빌딩의 역사와 모형, 그간 다녀간 관광객의 수 등을 적어놓은 여러 판넬들을 보다보니 어느 새 엘리베이터 앞이었다. 80층까지 이 엘리베이터를 이용하고 다시 86층까지 가는 엘리베이터를 갈아타야 한단다. 어느 세월에 80층까지 올라가지? 왠지 지루할 것 같아 얼마나 걸리는지 시간을 재보았는데 지루할 틈이 없었다. 거의 1분 정도밖에 걸리지 않는 초고속 엘리베이터에 귀가 멍멍해질 정도. 풀어질 틈도 없이 이미 도착했으니까! 1층에서는 분명 80층부터 86층까지 계단으로 갈 수 있다고 안내를 받았었는데 우리가 80층에 도착했을 때는 계단이 정비 중이어서 입구가 막혀 있었다. 이것도 기념이라 80층의 계단을 밟아보고 싶었는데. 그래서 다시 엘리베이터를 타고 올라가니 헉! 전망대에 사람이 정말 많았다. 역시 세계적인 관광명소다웠다.

전망대에 올라가 보니 뉴욕 전경이 한 눈에 보일 정도로 높았고 사방으로 펼쳐진 뉴욕 시가지를 보니 정말 뉴욕 한가운데라는 것이 느껴졌다. 거기에서 뉴욕을 내려다보고 있자니 에펠탑과 피렌체 대성당이 떠올랐다. 에펠탑에서 보는 파리의 전경도 엠파이어의 뉴욕처럼 멋졌지만 이탈리아에서 본 피렌체 대성당이나 파리에서 본 에펠탑이나 엠파이어스테이트나 셋 다 전망대에 올라가서 그 곳을 돌며 그 도시의 전경을 볼 수 있다는 점이 너무 좋았다. 사람들이 날고 싶어서 결국 비행기를 발명한 것과 마찬가지로 위에서 조감하고 싶어 하는 것도 본능적인 욕구일까? 하늘에 가닿고 싶어 이렇게 높게 무언가를 지으려고 하는 걸까? 매번 높은 곳에서 아래로 도시를 내려다보고 있으면 이렇게 조그마해 보이는 세상 속에 내가 살고 있다는 생각이 들었다. 지구에서 나라는 존재가 얼마나 작은지 느끼게 해준다고 할까.

엠파이어스테이트 빌딩의 기념품 가게에서 킹콩과 함께 있는 빌딩 모형을 하나 사들고 나오며 그 안에 동봉된 안내서를 읽었다. 연필 모양을 본 따서 설계된 엠파이어스테이트의 갈수록 좁아지는 형태가 연필심을 연상시킨다는 내용이었다. 사소한 사물을 보고도 영감을 받아 이렇게 유명하고도 멋진 건축물을 만들어낼 수 있다는 것이 인상 깊었다. 매일같이 연필을 쓰면서도 한 번도 그런 생각을 하지 못했는데! 나는 건물을 디자인 하다보면 매번 모티브를 찾지 못하고 너무 단순하거나 비현실적으로 화려한 것만을 떠올렸다. 어떻게 하면 좀 더 멋있을까? 하는 생각으로 이것저것 넣고 빼다보니 결국 알맹이는 없고 껍데기만 남아있어 나조차도 제대로 설명을 못하는 경우가 많았다. 여태껏 건물을 보았을 때 건물을 완공된 모습만 보고 생각했지, 어떤 것을 모티브로 해서 만들어졌는지, 어떻게 구체화시켜서 진행시켰는지에 대해서 생각해보지 않았던 것 같다. 결국은 건물이 가진 이야기를 보려고 하지 않고 겉만 보기 급급했나?

잠실이나 여의도에 갔을 때에 고층빌딩을 보면 그 건물만 외따로 떨어져서 어쩐지 주변 풍경과 이질감이 느껴진다고 생각했었다. 그런데 엠파이어스테이트 빌딩도 그렇고 크라이슬러 빌딩도 그렇고 뉴욕에는 크고 웅장한 건물들이 많은데 비해서 그것들이 풍경 속으로 조화롭게 스며든다는 느낌이 신기했다. 이 건물들을 보면 딱 미국 생각이 나고 미국만의 분위기가 느껴진다는 것도 말이다. 파리의 모습도, 런던의 고딕의 건물

들도, 이탈리아의 붉은 지붕들도 그렇고 다들 각자 그 나라들만의 특색이 느껴지는 분위기가 있달까? 점점 도시화가 되면서 도시의 풍경들이 특색을 잃고 비슷비슷한 모양새를 띠는 것이 평소 아쉬웠는데 이 건물들

은 어떻게 이렇게 '뉴욕!'하고 소리치는 것처럼 아이덴티티를 유지하는지 궁금해졌다. 사실 도시의 사진들은 웬만하면 서울인지, 도쿄인지, 싱가폴인지 잘 알기 힘들 정도로 비슷비슷한데 말이다. 도시가 발달하면서 전통건물이 사라지며 그 나라의 특색 또한 사라지기 마련인데 아마 미국은 근대 건축의 선진 문화를 이끌었으니 몇몇 나라들이 미국을 선두로 비슷하게 따라가는 것 같은 느낌이 들어 그런 걸까? 그렇다면 우리나라의 빌딩들은 어떻게 지어야 하는 걸까. 단순하게 건물 옥상에 기와를 올리는 식상한 모습이 아니라 현대적으로 재해석할 수 있는 방법은 없을까? 빌딩을 내려와 근처 스타벅스에 앉아 아픈 다리를 주무르며 이런 저런 모양을 스케치하다 결국 아무 것도 그리지 못했지만 처음의 물음표엔 답을 찾은 것 같았다. 엠파이어스테이트만큼 미국적인 건물은 없으니 킹콩이 엠파이어스테이트에 올라갈 수밖에 없었다는 것. 그리고 이 마침표 뒤에 또 다른 물음표가 생겼다. 나는 그럼 가장 한국적인 빌딩을 지으려면 어떻게 해야 할까에 대해. 여행을 하며 물음표가 생기는 것들이 즐겁다. 이 물음표를 답하기 위해 또 보고, 듣고, 생각하게 되니까 말이다.

한국 전쟁 기념관

외국에서 우리나라와 관련된 것들을 보면 기분이 이상해진다. 한인 타운을 보면 반갑기도 하고 예상치 못한 곳에서 한국 제품들을 보면 뿌듯해지기도 하고, 관광지에 한글로 쓰인 낙서를 보면 창피한 마음이 들기도 한다. 머나먼 미국에서 우리나라를 기념하는 곳이 있다는 건 대체 어떤 기분일까. 한국 전쟁 기념관이라는 표지판을 따라 가면서 의아한 마음이 들었다. 왜 한국 전쟁 기념관이 있을까? 사실 워싱턴D.C.엔 수많은 기념관들이 모여 있다. 미국의 남북전쟁을 기념하는 곳부터 시작해 베트남 전쟁까지 여러 기념관들을 만들어놓은 것을 보고 미국은 무슨 기념관이 이렇게도 많을까 생각했다. 무얼 기리기 위해? 이런 물음들이 머릿 속을 떠나지 않았다.

한국전쟁 기념관은 말 그대로 미국이 참전했던 한국전쟁을 기념하기 위해 세워진 곳이다. 좀 더 정확하게 말하자면, 한국전쟁에 참여해 순국했던 군인들을 기리기 위한 공간이다. 무릎까지 오는 풀숲에 군인들의 조각상이 V자 모양의 대형을 갖추고 마치 조심스럽게 적진을 향해 나아가는 듯 생생하게 만들어 놓았다. 실제 전투를 재현해 놓아서인지 각자 왼쪽과 오른쪽, 후방을 살피는 얼굴 표정들이 심각해, 보는 내가 긴장감이 들 정도였다. 한 사람, 한 사람 모두 마치 금방이라도 쓰러질 듯 위태해보이면서도 그들의 핏발 선 두 눈동자엔 나도 모르게 숙연해졌다. 그들 뒤로 벽처럼 세워둔 어두운 색의 대리석을 자세히 살펴보면 수많은 얼굴들이 새겨져 있다. 그들 역시 경직된 표정이었다. 희생된 수많은 얼굴들은 실제 순국한 사람들의 초상화를 바탕으로 그려져 있다고 한다. 단순히 새겨진 것뿐인데도 그 앞에 서서 그들의 눈을 맞추기가 힘들었다. 미안하기도 하고 고맙기도 하고 말로 설명하기 힘든 기운에 눌려 나도 모르게 고개를 숙였다는 말밖엔. 뒤를 돌아 자세히 보니 풀숲은 키 작은 소나무들로 이루어져 있었다. 빼곡하게 채워진 낮은 소나무들과 그 주변을 에워싸고 있는 개울물들은 우리나라의 산악 지형과 물이 많은 지형의 특성을 표현하고 있었다. 군인들의 동상이 있던 곳과 보도를 구분하기 위해 턱처럼 만든 대리석 경계에는 참전국의 이름이 알파벳순으로 나열되어 있었는데 미국 말고도 꽤 많은 나라들이 있었다. 지금도 6.25 전쟁 때 파병을 많이 해주어 '형제의 나라'라고 외치는 터키 외에도 UN 국가들의 이름을 하나하나 읽어보며 천천히 걸었다. 이렇게 많은 나라에서 우리를 도와주기 위해 왔었다니. 기념관엔 1950년부터 1953년까지의 한국 전쟁에 대해 이렇게 새겨져 있었다.

"한번도 들어본 적 없던 나라와 한 번도 만나본 적 없었던 국민들을 지켜내기 위해 부름에 응했던 우리의 아들과 딸을 기리기 위해."라고.

그들은 무슨 생각으로 얼굴도, 이름도 모르는 우리를 돕기 위해 목숨을 걸고 온 걸까? 나와는 전혀 상관도 없는 지구의 반대편에 있는 나

DEAD
U.S.A. 54,246 U.N. 628833

OUR NATION
HER SONS AND DAUGHTERS
WHO ANSWERED THE CALL
TO DEFEND A COUNTRY
THEY NEVER KNEW
AND A PEOPLE
THEY NEVER MET

라를 위해 싸운다는 건 대체 어떤 의미일까. 사실 어떤 사실들은 알고는 있지만 완전히 이해하지 못하는 것들이 있다. 내가 경험해보지 않았던 일들, 이를테면 전쟁과 같은 일 말이다. 당연히 크나큰 아픔이었고 그 전쟁을 통해 수많은 사람들이 죽었다는 걸 알면서도 그렇구나, 하고 넘어가버리게 되는 경향이 있다. 이렇게 멀리까지 와서 한국전쟁이 우리나라는 물론 미국을 비롯한 여러 참전국들의 아픔이란 걸 실감하고 나서야 마음으로 느껴지는 게 참 이상한 일이지만….

기념관 끝엔 'Freedom is not free'라는 문구가 적혀 있었다. 자유는 공짜가 아니다. 맞다. 자유는 공짜가 아니다. 우리가 자유를 위해 투쟁해 지금의 자유를 얻게 됐지만, 미국을 비롯한 수많은 나라의 국민들이 우리를 위해 함께 싸웠고 수많은 사람들의 희생과 피의 댓가로 얻은 자유라고 말할 수 있을 거다. 아마 미국 역시 그런 역사가 있으니 이 전쟁에 참여했던 게 아닐까? 그게 한국이든, 다른 나라든, 꼭 우리나라라서가 아니라 정말 '자유'를 수호하기 위해서 말이다. 원래 미국이 자유를 위해 이주를 결심한 이민자들에 의해 만들어진 나라인 만큼, 그리고 영국에 대항해 그 자유를 되찾기 위해 독립 전쟁을 일으켰고, 자유라는 가치를 투쟁으로서 얻어낸 경험 때문에 다른 나라의 자유를 위해 파병하는 것이 그들의 임무라고 믿었는지도 모르겠다.

수많은 워싱턴D.C.의 기념관들은 그들이 '자유'라는 가치를 얼마나 중요하게 여기는지 보여주기 위한 기념관들이었던 것 같다. 초대 대통령인 조지 워싱턴은 영국과의 독립 전쟁을 승리로 이끌고 민주주의의 기틀을 세우기 위해 노력한 사람이었고, 토머스 제퍼슨은 독립 선언문을 기초했으며, 링컨은 인종 차별을 없애고 흑인노예를 해방시켜 평등과 자유의 가치를 실현한 사람들이다. 미국 이념의 상징이 '자유'인 만큼 미국의 수도인 워싱턴D.C.가 말해주는 건 분명한 것 같다. 그리고 한국 전쟁 기념관 역시 미국이 얼마나 '자유'를 중시하는지, 수많은 피를 흘려서라도 얻어내야 할 만큼 소중한 가치라는 걸 느끼게 하는 곳이었다.

건축이라는 의미는 단순히 건물을 짓는 행위만을 말하지는 않는다. 건축은 사람들이 거주하는 공간을 축조하는 행위를 넘어 뜻을 담는 큰 그릇이라는 사실. 그게 조형물이든 설계든 의미를 부여하기 위해서 작은 것 하나까지 신경 써야 한다. 인도의 타지마할이나 파리나 로마에 있는 개선문도 물론이거니와 지금 내가 온 한국전쟁 기념관처럼 외부에 위치한 조형물들을 한국의 느낌이 나도록 소나무들을 심어 놓고 물을 배치하고 적절하게 외벽, 기념비, 국군들의 동상을 놓아둔 것까지…. 단순히 '짓는 것'이 아니라 그 안에 무엇을 담아낼 것인가에 대해 고민하고 진심을 불어 넣는 것, 그 이상의 것이 아닐까. 나는 또 하나를 배우며 이곳을 떠난다.

링컨기념관

워싱턴 D.C.는 참 날씨가 맑았다. 멀리서 본 링컨 기념관은 마치 신전을 연상케 했다. 그리스에서 봤던 파르테논 신전을 갖다 붙여놓은 것 같았다. 꼭 링컨을 신전 안에 모셔놓은 것처럼 말이다. 웅장하고 위엄 있는 신전 같은 첫 인상의 링컨 기념관에 다가갈수록 점점 링컨 대통령의 모습이 크게 다가왔다. 신전 같은 계단을 지나 링컨 동상 앞에 서니 생각했던 것보다 훨씬 더 컸다. 내 키의 세 배가 넘는, 거의 네 배 정도의 크기였다. 이 기념관은 도리아식 건축 양식으로 지어져 있다. 총 서른여섯 개로 세워져 있는 이 기둥에도 의미가 깃들어 있단다. 링컨 대통령이 암살당했을 당시 북부 연방의 주가 서른여섯 개였다고 한다. 이 서른여섯 개의 주를 선두로 1922년까지 미합중국에 가맹한 48개 주 이름이 천장 가까운 벽에 순서대로 새겨져 있었다. 그리고 후에 가입한 알래스카와 하와이 주는 계단 앞 테라스에 적혀 있었다.

그런데 보통 이러한 기념관은 고향에 세워지지 않나? 이렇게 큰 기념관을 수도인 워싱턴D.C.에 세운 이유가 뭐였을까? 하는 궁금증이 일던 찰나, 동상 앞에 사람이 너무 많아 옆으로 떠밀려 뒤쪽으로까지 간 나는 그 뒤의 문구를 발견할 수 있었다. '에브라함 링컨의 명성은 그에게 구원받은 국민의 마음처럼 이 신전에 영원히 간직될 것이다'라고. '자유와 평등'의 상징인 링컨이 있었기 때문에 지금의 미국이 있다고 생각해 워싱턴에 그의 기념관이 있는 거겠지. 모든 국민들, 게다가 전 세계의 존경을 받는 대통령이 있는 건 미국의 큰 축복이라는 생각이 들었다.

나는 의자에 듬직하게 앉아 인자하기보단 조금 까다로운 얼굴 표정으로 내셔널 몰과 워싱턴 기념탑, 국회의사당을 일직선으로 응시하고 있는 링컨의 옆에 가만히 서서 워싱턴을 내려다보았다. 꼭 광화문 대로변의 세종대왕 동상 앞에 서있는 듯한 느낌이 들었다. 의자에 앉아 수도를 굽어보는 모습도 비슷했고, 그의 공적과 국민들에게 받는 사랑까지, 꼭 같았다.

링컨 동상의 턱수염을 보며 괜히 킥킥 웃음이 나왔다. 11살 꼬마 여자아이의 편지를 본 후로 링컨이 턱수염을 길렀다고 한다. 야위어 보이는 턱에 턱수염을 기르면 더 멋질 거라고, 모든 여자들은 수염을 좋아한다며 여자들이 당신에게 투표하도록 남편에게 이야기할거고 그럼 당선될 수 있을 거라고 편지를 쓴 것이다. 편지를 쓴 철없고(?) 사랑스러운 꼬마도 귀엽고 그 말을 듣고 턱수염을 기르기 시작한 링컨도 귀여워. 그런데 이 위엄 있는 동상의 턱수염을 보니 실은 아이의 말도 흘려듣지 않았던 대통령이라는 생각이 들어 그의 인상이 더 강렬하고 멋져보였다.

신나게 링컨 동상 앞에서 사진을 찍고 있는데 사람들이 모두 왼쪽으로 몰려가 손짓을 하며 그곳에서도 기념사진을 찍었다. 나 역시 그곳으로 가보았는데 영어로 길게 무엇인가가 쓰여 있었다. 순간 아! 이거구나! 싶었다. 링컨을 둘러싼 북쪽과 남쪽의 두 내벽에 글자가 새겨져 있다고 했는데 남쪽 벽에는 게티스버그 연설이, 북쪽 벽엔 재선 당시 취임 연설의 일부가 조각되어져 있었다. 나는 빠르게 눈을 굴렸다. 'of the people, by the people, for the people' 이 문구를 찾기 위해 읽어내려 가는데 아래쪽에서 이 문구를 찾았다. '국민의, 국민에 의한, 국민을 위한 …' 사실 게티스버그 연설문에 대해 자세히 알지도 못하면서 저 글귀만은 또렷하게 알고 있었다. 어디에서, 어떤 식으로 말해졌는지, 연설된 내용에 대해 알고 싶었다.

선생님은 이 연설문이 민주주의를 가장 잘 표현한 연설문이라는 칭송을 받으며 오랫동안 사람들에게 회자되고 있다고 했다. 266개의 단어로만 이루어진 짧은 연설문이라고 하는데 그 짧은 연설문이 사람들에게 감동을 주고 잊혀지지 않는다는 사실에 놀랐다. 민주주의의 '민'자도 모르는 나도 이 말을 들으면 마음에 와 닿고 감동적인데 이렇게 당연하지만 아무도 말하지 못했던 말을 한 링컨대통령이 정말 존경스러워졌다. 그러던 차에 선생님은 다른 유명한 연설이 이곳에서 이뤄졌던 걸 알고 있냐고 하셨다. 다른 연설? "I have a dream"으로 시작하는 연설을 들어본 적 없냐고 말이다.

자세히 기억나진 않았지만 대강의 뉘앙스만 기억하고 있는 연설문이 생각났다. 학교에서 선생님이 이야기 해주셨던 내용이었다(학교 공부는 그

The man
who gave
meaning,
honor, and
purpose
to the Nation
speaks to us still.

Lincoln's Legacy
Pennies Make a Monumental Difference Campaign

IN THIS TEMPLE
AS IN THE HEARTS OF THE PEOPLE
FOR WHOM HE SAVED THE UNION
THE MEMORY OF ABRAHAM LINCOLN
IS ENSHRINED FOREVER

마틴 루터 킹 목사의 연설 내용이 새겨져 있다.

아래에서 셋째줄에서 둘째줄 사이에 그 유명한 링컨의 연설대목중 하나인 "국민의 국민에 의한 국민을 위한"이라는 글귀가 보인다.

저 시험에 필요한 문제인 줄 알았더니 정말 이렇게 다 연결이 되는 필요한 내용들이었다 ㅋ).

나는 꿈이 있습니다, 는 말 뒤엔 너무나 평범한 문장들이 이어진 글이었다. 백인과 같이 식탁에서 밥을 먹고 피부색이 아니라 하나의 인격체로서 평가받는 나라에서 살길 바란다는 뭐 그런 내용이었던가. 마틴 루터 킹 목사의 이름을 들으며 나는 순간 울컥했다. 이유도 모른 채, 정확한 내용도 모르면서 말이다. 링컨 동상 앞의 백인과 흑인, 동양인들이 뒤섞인 이 기념관 앞에서 백인과 흑인이 함께 밥을 먹고 똑같이 평가받는 그런 당연한 일을 꿈이라고 말했던 사실에 마음이 아파왔다. 나는 정말 너무 많은 것들이 이뤄진 세상에 태어나 당연하게 여겨졌던 것들에 대해 감사하지 못하며 살았던 것 같다. 민주주의도, 자유도, 실은 내 힘으로 얻은 게 아니라 수많은 사람들의 피의 댓가로 얻은 값진 것이라는 사실 말이다.

역사 선생님은 내게 링컨하면 뭐가 떠오르냐고 물었다. 나는 당연히 노예제 폐지라고 답했다. 이런 내게 선생님은 그런 말을 해주셨다.

"그때 당시의 노예제 폐지를 확정짓는 건 문서에 서명을 하는 것뿐이었단다. 하지만 그 후 서명의 영향은 굉장히 파격적이었지. 링컨 대통령이 노예 해방 선언을 공표하기 전, 긴장해서 손이 굉장히 떨렸다고 해. 그때 '내 평생 이 선언서에 서명하는 것보다 더 옳은 일을 한 적은 없을 겁니다. 이 일로 내 이름과 영혼이 역사에 길이 새겨질 텐데, 서명할 때 손

링컨 기념관에서 정면으로 보이는 워싱턴 기념비

이 떨리면 앞으로 이 서류를 본 사람들이 내가 주저했다고 생각할지도 모르겠지요.' 라고 말했었다고 해."

천하의 링컨 대통령조차 그렇게나 떨렸던 순간이 있었다니. 나는 기념관 앞의 계단에 앉아 리플렉팅 풀에 반사된 워싱턴 기념탑을 보며 링컨에 대해 다시 생각해보았다. 자유와 평등을 이루기까지 그 역시 얼마나 힘들고 떨렸었는지, 그리고 그 두려움을 이겨내고 결국 이룩해낸 결과가 이렇게나 멋지고 아름다운 현재를 만들어주었다는 걸 말이다. 자유와 평등의 나라라는 미국의 상징처럼 인기 많은 대통령인 링컨. 물론 아직까지도 인종 문제는 뿌리 깊은 미국의 사회 문제이며 여전히 세계적으로도 함께 해결해야할 인류의 과제이다. 그래도 점차 노력해나간다면 뿌리 깊은 차별적 인식들은 사라지고 점점 진정한 평등과 자유로 나아갈 수 있을 거라 믿는다. 그리고 말 뿐만 아니라 워싱턴D.C.는 행동하고 있다. 미국 내에서 본보기로 인종주의를 넘어 '평등'을 추구하는 도시인 워싱턴 D.C.는 많은 소수 민족들이 살고 있는 곳이다. 아프리카계가 워싱턴D.C. 전체 인구의 약 60%로 정도 된다고 한다. 미국 내에선 평균 12% 정도라고 하니 평균을 훨씬 웃도는 수치다. 이곳에

선 누구나 평등한 기회를 얻을 수 있다는 미국의 기본 이념이 구현되고 있는 도시였다. 말뿐 아니라 그 가치를 실현시켜나가는 곳이 바로 워싱턴D.C.였고 그 한 가운데에 자리한 링컨 동상이 우리를 지켜보고 있었다.

나이아가라

캐나다에 온 우리는 나이아가라에 도착했다. 캐나다라고 해봐야 곧장 미국에 맞닿아 있는 곳이 나이아가라여서 이곳이 캐나다인지 미국인지 창밖의 풍경으로는 구분하기가 힘들었다. 아마 미국과 캐나다는 비슷한 문화권이라 그런지도 모르겠다.

처음 보는 커다란 폭포 앞에 내리자마자 내달렸다. 장관이었다. 사진을 찍다 뷰파인더로 보이는 모습에 다시 멍하니 넋을 잃고 폭포를 보다 수많은 물방울들이 산란되어 생긴 무지개를 보고 다시 퍼뜩 정신을 차려 사진을 찍고. 다시 멍 때리며 바라보길 반복했다. 밤에 본 풍경도 그랬다. 빨강, 파랑, 초록, 노랑, 하양…. 형형색색의 조명을 받아 폭포인지, 아래에서 뭉글뭉글 안개가 올라오는지 분간할 수 없을 정도로 잔잔하게 떨어지는 폭포의 모습은 또 다른 매력이었다.

세계 3대 폭포가 있는데 그 중 나이아가라 폭포 외에 나머지 두 폭포들도 나이아가라 폭포처럼 국경을 접하고 있다고 한다. 아프리카 남부 잠

비아와 짐바브웨에 접해 있는 빅토리아 폭포, 브라질과 아르헨티나 사이에 있는 지구에서 가장 경이로운 폭포인 이과수 폭포가 바로 그 주인공들이다. 빅토리아 폭포와 이과수 폭포, 나이아가라 폭포들이 모두 국경에 인접해 있는 걸 보면 마치 이 폭포들이 자연스럽게 국경의 역할을 하고 있는 셈이다. 태초부터 국가가 어디서부터 어디까지, 하고 경계가 만들어지진 않았을 테니 아마 큰 고개나 산, 강이나 폭포와 같은 지형물들이 경계 역할을 했겠지. 우리나라 역시 산이나 강으로 갈라지는 곳마다 사투리가 달라지는 것도 그런 이유이지 않을까.

다음 날, '안개 속의 숙녀호'란 이름의 유람선을 타고 나이아가라 폭포 안으로 들어가기 위해 차에 올랐다. 나이아가라 지역에 정착해 살았던 이로쿼이(Iroquois)부족은 나이아가라 폭포 소리가 신이 대노하여 내는 소리라 믿었다고 한다. 그래서 매년 정해진 보름밤 폭포의 신에게 마을 처녀를 꽃과 과일로 치장한 후, 노 없는 카누에 태워 제물로 바쳤다고 한다. 이러한 인디언 전설 속에 나오는 처녀의 이야기에서 'Maid of Mist(안개 속의 숙녀호)'라는 이름의 유람선을 만들었다고 한다.

나이아가라의 전경을 보기 위해선 캐나다 쪽에서 보는 것이 훨씬 더 좋지만 나이아가라 폭포 안으로 들어 가는 배에 타기 위해선 다시 미국 쪽으로 건너가야 했다. 캐나다를 넘어왔을 때도 느꼈지만 역시 미국을 갈 때에도 서로 땅이 붙어 있어서 국경을 넘는 것이 그냥 같은 나라를 가는 것처럼 무척 자연스럽고 별 것 아닌 일처럼 느껴졌다. 언젠가 판문점에 견학 갔을 때에도 뾰족한 철사줄이 감긴 담벼락 같은 것은 보이지 않았고 그저 고속도로 톨게이트를 지나는 느낌이 전부였다. 우리처럼 분단국가는 국경을 걸어서 넘는다는 건 상상도 할 수 없는데 미국과 캐나다는 여권 한 장을 들고 걸어서, 혹은 차를 타고 국경을 넘을 수 있다는 게 신기했다. 이렇게도 쉽게 오갈 수 있는 게 국경이라니. 익숙하지 않은 느낌과 함께 무겁고 단단하게 느껴졌던 무언가가 허무하게 무너지는 느낌이랄까. 내가 유럽에 갔을 때 역시 비슷한 경험을 했었다. 이탈리아에서 스위스로 버스를 타고 이동할 때였다. 심지어 그때는 유럽연합 국가들 간의 이동이었기 때문에 여권검사도 필요 없었다. 해서 그 땐 그냥 여러 시간 버스를 타고 스위스를 지나 다시 이탈리아의 어느 한 도시에 도착했었다. 하긴. 어떤 사람은 다른 나라로 출근을 하는 경우도 있다고 했다. 그래서 갈 때마다 여권 검사나 가방을 검사하는 단계를 간략하게 진행하고 기간별로 아예 따로 출입증을 발권한다고도 하니 생각해보면 국경이라는 게 별 건가 싶다.

우리가 한 국경 검사는 정말 간소했다. 버스에서 내린 후 건물로 들어가 여권 검사를 맡을 뿐 짐 검사나 다른 검사는 하지 않았다. 차례차례 줄을 서서 건물을 통과한 것만으로도 나라와 나라를 오갈 수 있다는 건 아마 통일이 되지 않는 한, 몇 번을 경험해도 익숙해지지 않을 것만 같은 생

각이 들었다. 국경검사를 가뿐하게 마치고 그렇게 다시 버스에 올라탔다. 그렇게 우리는 미국령의 선착장으로 향했다.

캐나다에서 바라보는 나이아가라는 폭포가 떨어지는 포인트에서 보는 것이었는데도 폭포가 강으로 떨어지는 아랫부분에 있어 물방울이 많이 튀겼고 짙은 물안개로 마치 비를 맞는것처럼 물에 젖었다. 준비해간 우비를 입고, 거기다 배를 타는 관람객들에게 주는 우비를 하나 더 입었음에도 배에 올라타기도 전에 이미 비맞은 생쥐꼴이 되었다. 출발하기 전부터 심장이 두근두근거리기 시작했다. 마치 소년 만화의 주인공이 된 기분이었

다. 이제 보기만 했던 저 안으로 들어가는 거야! 배를 타고 출발하는 동안 천천히 폭포로 향하는 배에서 본 나이아가라는 위에서 봤던 것과는 다른 모습이었다. 위에서 본 것만 해도 엄청난 크기였는데 아래에서 보니 더 어마어마한 크기였다. 더 웅장하고 커 보이는 폭포로 다가갈수록 대자연 앞에 선 내가 얼마나 작은 존재인지 실감났다. 첫 번째 면사포 폭포를 지나갔을 때는 조금 작은 폭포였고 깊숙이 들어가지 않아서 웃으면서 시원하게 맞고 사진을 찍으며 즐길 수 있었다. 하지만 두 번째는 드디어 엄청 커다란 캐나다 폭포와 마주쳤다. 순간 나한테만 수백만의 사람들이 물총을

쏴대는 기분이었다. 선글라스를 가져간 덕분에 간신히 폭포를 쳐다볼 수 있었는데, 면사포 폭포보다 더 대박이었다. 둥그렇게

폭포가 쫘악 쏟아지는데 진짜 난생 처음 본 광경이라 와, 하는 감탄사밖에 나오지 않았다. 우리는 모두 우비를 입었지만 모두 쫄딱 젖어 있었다. 안내해 주시는 분들이 나이아가라의 물은 미네랄이 풍부해서 맞으면 오히려 피부 미용에 좋으니 폭포를 앞에 두고 움츠려 있지만 말고 이왕 온 거 시원하게 다 맞고 가라고 했는데 정말인지 아닌지 모르겠지만 한편으론 여기까지 와서 이렇게 물에 젖는 것도 추억이란 생각이 들었다. 그래서 모자도 쓰지 않고 시원하게 물을 맞았다. 비에 젖은 생쥐처럼 배에서 내리니 괜히 기분 탓인가, 벌써 피부가 다 좋아진 것 같았다. 다음 배를 탈 승객들은 우리 몰골을 보고 기겁하며 걱정하는 표정을 짓긴 했지만 말이다. 카메라 렌즈에도 습기가 가득 꼈지만 나이아가라를 몸소 체험한 것보다 중요하진 않았다. 왠지 막 대모험을 끝내고 또 다른 모험을 향해 다시 걸어가기 시작하는 만화 속 주인공

처럼 나 역시 그 다음 여행지를 향해 걸었다.

MIT

사람이 누군가를 만나 상대방에게 호감이 생기는지 아닌지는 3초면 결정된다고 한다. 그만큼 첫인상이 중요하다는 이야기다. 이 말이 꼭 사람에게만 국한되는 건 아니다. 한 건물의 입구를 보는 건 그 건물의 첫인상이나 마찬가지니 말이다. 대학교의 정문 역시 마찬가지다. 우리 학교는 이런 곳입니다, 라며 그들이 바라는 이미지를 담고 있으면서도 학교의 위엄을 보여주는 상징이다. 서울대를 떠올렸을 때, 서울대의 마크를 형상화한 정문이 먼저 떠오르는 것처럼 말이다.

그런데 MIT는 이렇다 할 정문이 없었다. 한 건물로 들어가면 그곳부터 학교의 시작이었고 건물들은 모두 이어져 있어 미로 같은 공간이었다. 그렇다고 그 경계가 애매모호하다거나 대학교 같지 않은 것도 아니었다. 그 안에도 규칙과 질서가 존재했고 앞과 뒤, 옆이 정해진 건 아니었지만 숨겨진 질서나 규칙을 스스로 만들 수 있는 공간이었다. 아마 이게 MIT가 추구하는 방향일까? 바로 옆에 붙은 하버드와 MIT의 확연한 차이가 건물에서도 드러난 느낌이었다. 주택가를 지나 마치 큰 공원처럼 느껴지는 하버드 야드와 고풍적인 건축 양식들에 비하면 MIT는 남쪽

에 찰스강을 끼고 있어 확 트인 느낌을 주는 킬리언코트가 매력적인 곳이었다. 학부생과 대학원생의 졸업식을 매년 한다는 킬리언코트는 중앙광장이면서 유일하게 MIT 내에서 질서 있고 정돈된, 약간 차가운 느낌까지 주는 곳이었다. 하버드 야드에선 색색의 의자가 여기저기 놓여있어 마음대로 가져다 앉기도 하고, 돗자리를 깔고 누워 있는 사람도 있었다. 자전거가 기대어 있는 나무들이 야드 중간마다 그늘을 만들어 내기도 했다. 그에 비해 MIT의 킬리언코트는 인위적으로 보일 만큼 깔끔한 평지에 양쪽으로 줄지어 선 나무들과 백색의 건물이 딱딱한 느낌을 주는 곳이었다.

나는 건축가가 꿈이다. 어렸을 적엔 가수가 되고 싶었고 그림을 그리는 걸 좋아해 화가가 되고 싶기도 했지만 정말 좋아하는 것을 바로 코앞에서 찾게 되었다. 등잔 밑이 어둡다는 말은 사실이었나 보다. 아버지가 건축업에 종사하셔서 나는 새로 지어지는 건물들을 접하고 볼 기회가 많았다. 어렸을 때는 철골로 된 모양하며, 노동으로 힘들어하시는 분들을 보면서 건물을 짓는다는 것은 나에겐 어렵고 무서운 것으로 인식되었다.

하지만 커가면서 그렇게 철골로 모양만 잡혔던 것들이 우리가 살고 있는 아늑하고 포근한 집이 된다는 사실이 나를 들뜨게 했다. 건물을 좋아하게 되니 이곳저곳 많은 모양과 용도의 건물들이 있다는 사실이 눈에 들어왔다. 곳곳에 있는 건물들이 나에겐 모두 놀이거리이자 공부였다. 새로운 곳을 갈 때마다 나의 눈은 건물을 좇아 다녔다.

중학교 2학년 때부터 키워온 꿈이지만 아직까지 막막한 건 사실이다. 건축캠프도 가보고 건물을 디자인해 모형도 만들어보고 캐드도 배워보고 노력을 하고 있지만 얼마나 더 노력해야 하는지, 건축가가 되기 위해선 무엇을 해야 하는 건지 정확히는 모른다. '땅콩집'에 대한 기사를 비롯해 여러 건축 책들을 읽으며 막연히 생각했던 건축에 대해 더 자세히 알게 되었다. 더 알게 되자 더 끊임없이 알고 싶고 이젠 제대로 계획과 꿈을 구체적으로 잡아야겠다고 다짐했다. 그런 생각이 들수록 내 꿈에 좀 더 다가가는 느낌이 들었다. 그럼에도 여전히 막막한 건 사실이다.

MIT에 다니는 연구원을 만나 이야기를 듣는 내내 나는 궁금한 게 많았다. 원래 과학을 좋아했나요? 어떻게 공부하셨어요? 얼만큼 잘해야 MIT에 올 수 있죠? 공부가 지겨울 때는 없었어요? MIT에서 하는 공부는 재밌어요?

MIT를 가기 전까지 내 머릿속은 훌륭한 건축가가 되기까지의 과정이 아니라 훌륭한 건축가가 되고 나서의 환상이 전부였다. 항상 피나는 노력이 있었기 때문에 그런 훌륭한 사람이 되는 것이 당연한 일인데 그 단순한 사실을 그동안 나는 깨닫지 못했다. 하지만 MIT에 가고 나서 공대의 두려움, 걱정 등이 사라졌다. MIT에는 공대 그 특유의 딱딱함, 네모짐이 없었다. 공대를 겪어보지 못한 나로서는 공대의 이미지는 딱딱함 그 자체였다. 내가 건축학과를 탐방하러 갔었을 때도 네모진 건물, 네모난 교실, 네모난 책상 등 건축학과인데도 건축학과답지 않게 건물 모양이 창의적인 것도 구조가 창의적인 것도 아니었다. 좀 더 창의적인 환경, 창의적인 공간 안에서 더 좋은 아이디어가 나오지 않을까. 그 창의적인 환경, 공간이 바로 MIT였다.

MIT의 건축부 학장인 윌리엄 미첼이 "우리는 MIT의 건물도 그 내부에서 진행되는 작업들만큼 지적으로 흥미로워야 한다고 생각합니다." 이렇게 이야기 한 것을 그대로 보여주는 건물이 있다면 그게 바로 스타타 센터일 것이다. MIT의 교육 이념을 건물로 표현하고 있는 셈인데 창의적이고 혁신적인 이 건물은 죽기 전에 꼭 봐야할 100대 건물 중 하나일 정도로 독특한 건축이다. 여러 형태를 혼란스럽게 콜라주한 듯한 건물은 일반적으로 네모난 모양이 아니라 곡선과 대각선이 만나고 뜻밖의 방식으로 합쳐지고 펼쳐지며 뒤틀려 있고, 어디서 뚝 잘라와 서로 붙인 것처럼 기묘한 형태를 취하고 있다. 게다가 유리에 색칠한 벽돌이나 스테인리스 스틸, 평범한 벽돌들이 뒤섞이고 여러 재료들이 합쳐져 하나의 건물을 이루고 있어 더욱 독특함을 내뿜는다. 합체로봇의 느낌이라면 설명이 좀 쉬울까? 프라하에 있는 '춤추는 빌딩'이라는 네덜란드 보험회사의 빌딩보다 몇 발자국은 미래에 가까워 보이는 혁신적인 건물이다. 사람에 따라선 호불호가 갈려 어울리지 않는다는 말을 하기도 하고, 누수로 인해 설계상 오류라며 MIT가 건축가를 고소하는 일도 발생했다고 한다. 물론 비가 새는 건물은 기본을 지키지 않았다는 느낌도 들지만 이 건물을 보고 있자니 비가 새고, 안 새고가 뭐 그리 중요한가 싶은 생각이 들기도 한다. 내가 사는 곳이 아니라고 막 말하는 건가? 뭐 그럴 수도 있지만, 여

긴 MIT가 아닌가. 창의적이고 혁신적인 실험에는 실수도 있고 실패도 있는 법이다. 그건 차차 고쳐나가면 되는 것 아닌가. 공부하는 공간에서 실패보다 중요한 건 도전이고 시도라며 매번 강조해야 하는 사람들이 그걸 가지고 트집을 잡으면 보고 듣는 학생들이 어떤 가치를 따라가겠나 싶다. 물론 모든 것에 완벽한 건축물은 아름답고 더할 나위 없이 좋지만, 새롭고 완성되지 않더라도 또 다른 측면에서 '끝'을 보여준 걸작이라면! 그리고 그 끝이 새로운 시작의 신호탄 같은 건물이라면 그건 그거대로 좋지 않은가 싶다. 물론 내가 건축가가 되면 그런 새로운 미학에 비도 안 새는 완벽한 건물을 지을 거지만! 하하.

보스턴

하버드와 MIT 탐방을 마치고 우린 말로만 듣던 보스턴 시내를 도보로 돌아다녔다. 뉴욕, 워싱턴과는 또 다른 느낌이었다. 미국은 도시마다 그 특색이 강하다. 뉴욕은 가장 화려하고 부유한 주라 '엠파이어 스테이트', 플로리다는 맑은 날이 많아 '선샤인 스테이트', 메사추세츠는 만(bay)이 가까워 '더 베이 스테이트' 등 미국의 주들은 각각의 애칭이 있다. 뉴욕이 워킹맘의 느낌이라면 보스턴은 전업 주부라고 표현하면 느낌이 잘 전달될까? 색다른 보스턴의 분위기에 걸음을 뗄 때마다 기분이 좋아졌다. 버스에서 내리자마자 Boston Duck Tours 라는 특이한 모양의 버스가 눈에 띄었다. 이 독특하고 귀여운 모양의 버스는 뭐지? 이 버스는 뒤에도 문이 달렸고 캠핑카 모양의 앙증맞은 형태였다. 게다가 땅 위에서는 차, 물 위에서는 배로 변신하는 차였다. 군사용으로 쓰이다 전쟁이 끝난 후 사람들이 탈 수 있게 보급되었다고 한다. 그리고 이젠 관광용으로 보스턴 시내 구석구석을 볼 수 있도록 가이드 차량으로 변신했다. 우리나라의 시티 투어 버스들과 비슷한 버스가 보스턴에도 있다고 해서 타보고 싶었는데 이런 귀여운 차량이 시티 투어 버스라니. 뉴욕은 다른 도시처럼 흔한

www.BostonDuckTours.com
TICKETS & DEPARTURES
PRUDENTIAL CENTER
TICKETS & DEPARTURES
Museum of Science
BOSTON ★ DUCK ★ TOURS
LAND & WATER

이층 버스가 시티 투어 버스였는데 버스에서부터 뉴욕과 보스턴은 참 달랐다. 하긴, 주마다 아주 사소한 것도 다르게 법을 적용시키는 나라니까 이런 버스쯤은!

꼭 타보고 싶었지만 버스를 타고 다니면 골목 구석구석을 걸을 수는 없으니 일단 보스턴 시내를 걷기로 했다. 보스턴엔 프리덤 트레일이라는 뚜벅이 여행 코스가 매력적이다. 건물을 세세하게 보는 것보다 보스턴의 정취를 느끼며 한 걸음 한 걸음 내딛는 것이 훨씬 즐거웠다. 뉴욕은 흐리고 습기가 가득했고 가랑비가 오다 잠깐 햇빛이 비치고 다시 흐려지는 변덕이 죽 끓는 날씨였다. 보스턴의 화창하면서도 선선한 날씨는 걷기에 좋았고 절로 기분을 좋게 만들어주었다. 똑같이 사람들이 걷고 생활하는 곳이었는데도 보스턴의 분위기를 머금어서인지 모두 보스턴스러운, 모든 것이 다 매력적으로 느껴지기 시작했다. 노천 카페에 앉아 간단한 스낵이나 커피를 마시는 동안 웃음소리가 끊이질 않았다. 이 여유로운 분위기에 여행의 긴장이 풀어지는 기분이었다. 그렇게 즐겁게 거리를 걸으며 올드 사우스 집회소에 다다랐을 때였다. 경쾌한 노랫가락 소리가 들려왔다. 빰빰빠빰빰빰빠, 이 글을 쓰는 와중에도 자꾸만 생각이 난다. 이 리듬을 그대로 전달하고 싶을 정도로 너무나도 기분이 좋아지는 소리였다. 소리의 진원지를 찾아보니 어떤 한 남자가 판쵸 같은 옷을 입고 켄타우로스의 갈대악기 같은 악기로 연주하고 있었다. 한국에서 이런 의상을 보면 신기하고 색달랐는데 다양성의 나라 미국에서 보니 자연스러웠다.

마침내 올드 사우스 집회소에 도착했다. 사람들이 잔뜩 몰려 있었다. 무슨 일인가 싶어 그곳으로 발걸음을 옮겼다. 겨우 시야가 트이고 안에 있는 사람들을 보았더니 처음 보는 악기를 조율하고 있었다. 그 악기는 몽골악기 같으면서도 거북 등껍질을 연상시켰다. 세상에는 참 다양한 악기들이 존재하는 것 같았다. 아까 잠깐 보았던 판쵸를 입고 연주했던 사람도 그렇고 이 사람 역시 아마 자신들의 고향을 연주하고 있다는 생각이 들었다. 미국은 다양성의 나라로 국적, 출생지, 피부색, 머리색, 문화가 제각각이다. 그러면서도 나는 어느 출신이라고 말하는 것처럼, 자신들의 뿌리를 늘 마음에 안고 사는 사람들이다. 우리나라는 항상 단일 민족을 강조하는 나라라 그런가? 물론 요즘엔 우리나라에도 외국인들이 많이 살고 있고 혼혈이라고 해도 한국 사람이라는 인식 역시 생기기 시작했지만 아직은 어색하기도 하고 이제야 융화되는 과정이니 더 많은 노력이 필요한 단계긴 하지만. 이렇게 한 나라 안에 이 많은 문화가 참 조화롭게 섞여있는 것도 정말 대단한 것 같다. 미국은 뉴욕을 가든 보스턴을 가든 어디에서든지 누가 나보다 우월하건 못났건 그 문화들을 이해하고 서로 융화한다. 그리고 그걸 미국의 다양한 힘으로 발전시키는 것, 그게 미국의 매력이 아닐까?

Ned Devine's
TEN31
Place a Dollar
in Column
and Receive
Words of Wisdom

퀸시 마켓 쪽으로 가니 파뉴일 몰 앞 광장 한 켠에서는 행위예술을, 한 켠에서는 비보잉을 하고 있었다. 낸시랭의 행위예술을 TV에서만 봤지 실제로 행위예술을 하는 것을 보진 못했었다. 앞에서 일행들이 "우와, 마네킹이 움직여!" "우와 진짜 사람이래?"라며 신기해 했다. 그리고 사람이 북적거렸던 곳에서는 정말 춤으로 단련된 듯한 흑인들이 자유자재로 묘기를 펼치며 비보잉을 하고 있었다. 너무 사람이 많아서 춤사위가 보이지 않을 정도였다. 우리는 비보잉을 제대로 보지도 못하고 퀸시 마켓으로 이동해야 했다. 그런데 퀸시 마켓 앞은 아예 판이 벌어져 있었다. 처음엔 마술을 하는 사람이었다. 다 알아듣진 못하였지만 개그코드는 우리나라나 미국이나 비슷한 것 같다. 여행을 할 때마다 사실 '언어' 외에도 많은 것들을 우리가 공유할 수 있다는 걸 느낀다. 마술은 물론이고 건축이나 미술을 포함한 많은 것들이 그걸 말해주고 있지 않은가. 거기선 국적과 상관없이 아예 자리까지 깔고 웃고 떠들며 즐겼다.

한편에서 어른들이 즐길 수 있는 개그를 하고 있고 한편에서는 풍선장수가 아이들을 기다리고 있었다. 여러 아이들이 대기표로 누르면 꼬끼오 소리가 나는 닭 인형을 한 마리씩 들고 있었다. 우리와 함께 구경 갔던 동생에게도 닭 한 마리를 주었다. 거기 있던 아이들이 우리가 신기했었나보다. 계속 킥킥 대며 우리에게 눈길을 주었다. 결국 우리는 긴 풍선 모자를 받았다. 보스턴과 잘 어울리는 모자였다. 우리는 창피함도 잊고 그

모자를 돌려써가며 다시 거리 공연을 보러 다녔다. 퀸시 마켓 앞쪽의 어느 한 구석에 거리 공연자 한 사람이 공연을 준비하고 있었다. 일상용품을 이용한 리듬연주였는데 나는 냄비에서 그렇게 청아한 소리가 날 줄 몰랐다. 그냥 드럼같이 비트만 있는 연주일 줄 알았는데 소리가 모이고 모여서 형언할 수 없는 멜로디를 만들어 냈다. 천상의 소리에 감동을 하여 나도 모르게 돈을 주었다. 그리고 다시 퀸시 마켓 앞으로 왔는데 거리 공연자가 바뀌어 있었다. 그 곳은 원래 공연을 많이 해서 공연장소가 돼버린 곳이었다. 보고 있으니 홍대 거리가 생각났다. 홍대에서도 거리공연도 많이 하다 보니 마치 무대처럼 되어버린 곳도 있다. 하지만 우리나라는 노래만 듣고 뒤돌아서는 사람들이 많다. 나조차도 길을 거닐 때 노래가 좋아도 막상 가서 돈을 넣어준다거나 그 사람들에게 따뜻한 말 한마디 건네지 않았다. 이곳에 오니 사람들의 호응도 좋고 참여도도 높고 돈을 내는 것에 대해서도 자연스러웠다.

거리를 돌아다니니 보스턴에는 뉴욕에서 보지 못한 또 한 가지의 매력이 있었다. 미국에서는 거의 다 비슷한 일괄적인 분위기였다면 보스턴에서는 앞에는 옛날 건물인데 뒤에는 높은 빌딩이 우뚝 서있는 언밸런스한 모습들이 많이 보였다. 앞에는 유럽풍의 옛날 건물들이 즐비하게 늘어져 있지만 그 뒤에는 뉴욕에서도 많이 본 현대식 건물들이 서 있었던 것. 그리고 특히나 1층, 혹은 2층까진 새로 단장한 건물도 있었는데 그 위부턴 고전 양식 그대로인 건물도 많았다. 아마 사람들이 제일 많이 드나들고 상점들이 특성에 맞게 리모델링하면서 낮은 층은 현대식으로 지은 것 같았다. 얼핏 생각하면 서로 안 어울릴 것 같고 오히려 도시 분위기와 조화를 이루지 못할 것 같았지만 실제로 본 보스턴의 거리에서는 오히려 그것들이 멋으로 작용했다. 유럽 같기도 하고 미국 같기도 한? 마치 유럽의 영향을 많이 받은 미국의 건축역사가 내 눈앞에서 파노라마처럼 한 장면으로 보여지는 듯했다.

우리나라는 시간이 조금만 지나도 재건축으로 눈길을 돌리는데 이곳은 옛 건물들을 보존하는 것에 방점을 두고 있는 걸 보면 보스톤 사람들은 옛날의 건물들을 불편하게 생각하지 않는 것처럼 보였다. 하지만 내 생각과는 달리 이 건물들도 다 수리를 했다고 한다. 다만 내부만 수리하고 건물의 외부는 옛 건물의 모양을 그대로 이어 받아 이렇게 옛날건물과 현대건물이 공존하는 분위기의 건물이 만들어졌다고 한다. 우리가 갔었던 파뉴일 몰도 옛날 건물에 내부만 수리를 한 것이라고 했다. 어쩐지 옛날 건물인 것에 반해 내부가 너무 현대적이라서 놀랐다. 나는 그 건물들이 요즘에 이르러 옛날 건물식으로 지은 줄로만 알았다. 우리나라도 생각해보니 이런 곳이 있었다. 인사동, 경주, 전주, 종로 등 우리나라의 전통이 지켜지는 대표적인 도시들에서도 건물들이 보존되어 있다. 그러나 하나둘씩 사라져 가는 건물들을 보면 안타까운 마음부터 든다. 미래에 건축가가 된다면 전통 건물을 보존하는 일부터 하고 싶다. 미래엔 정말로 멋진 건축가가 될 수 있을까? 전통건물도 살리고 한국에 많은 사람들이 관광을 와서 나 같은 학생이 감동을 받을 수 있게 말이다. 내가 누군가에게 영감을 주고 그의 세계를 구축할 수 있도록 도움을 줄 수 있다면 그걸로 만족한다. 과연 그렇게 될 수 있을까? 여행을 하며 다른 나라의 문화를 접하면서 나는 내 안의 덩어리로만 뭉쳐서 꿈틀거리던 꿈들을 좀 더 구체적으로 매만지고 있는 기분이 들었다. 그리고 점점 단단해져 가는 꿈으로 부풀고 있었다.

아침에 보는 도로

나는 매일 아침 도로가 어지러운 출근시간에 버스를 타고 학교에 등교한다. 우리 집 쪽은 간선 도로가 여러 개 지나가는 곳이라 아침마다 도로가 막힌다. 10분이면 갈 거리를 30분이 걸린다. 그럼에도 내가 지각을 하지 않는 이유는 바로 '버스전용차로' 덕분이다. 출근길의 회사원들도 그렇겠지만 학생인 내게도 없어서는 안 되는 중요한 도로이다. 꽉 막힌 도로 사이에서 고속도로 같이 슝슝 달리는 쾌감은 말로 표현할 수 없다.

뉴욕에서 우리 숙소는 맨하튼을 마주보는 뉴저지에 있어 아침마다 맨하튼으로 나와야 했는데 이 도로에도 우리나라처럼 버스 전용 도로가 있었다. 버스전용차로가 뉴욕에서도 있다는 사실에 놀랐는데 이미 뉴욕에서는 오래전부터 이런 도로를 만들어 놓았다고 한다. 미국에서는 매일 아침 출근시간인 9시부터 반대편 차로 하나를 개방해 가변도로로서 사용한다고 했다. 그래서 8시에 출발하는 것보다 9시에 가변도로로 달리는 것이 더 효율적이라고 한다. 매일 아침 등굣길이 아닌 미국에서 슝슝 달리는 기쁨을 누리다니. 링컨터널로 들어가는 도로부터 쭉 가변도로를 따라갔는데, 꽉 막힌 주차장처럼 서 있는 자동차들이 모두 우리를 부러운 눈길로 쳐다보고 있었다. 등굣길의 만원버스가 아닌 미국여행 중의 여유로운 버스 안이라서 더 그렇게 느꼈던 걸지도 모르겠다.

크라이슬러 빌딩

지나다니면서 본 크라이슬러 빌딩은 역시 엠파이어와 견줄 정도로 멋있었다. 엠파이어가 강인한 남성스러운 건물이라면 크라이슬러는 가녀리고 예쁜 여성스러운 건물이었다. 지붕만 보면 둥글둥글 옛날 유럽성당 같았다. 하지만 엠파이어와 최고의 마천루를 다투었을 만큼 그 높이 또한 대단했다. 뉴욕의 특성상 마천루가 많아서 크라이슬러 빌딩은 거의 지붕밖에 보이지 않았다. 그런데 화려한 그 첨탑 지붕이 너무 아름다워 시선을 잡아 끌었는데 지붕 밑이 드러나는 순간! 너무 놀랐다. 마치 여리고 여성스러운 한 소녀가 전문적인 프로복싱선수라는 소식을 들었을 때의 충격? 지붕의 모습만 보았을 땐 엄청난 높이의 건물을 상상하지 못하였는데 가려진 밑의 건물을 보면 입이 다물어지지 않는다. 80년 전에 지어진 건물이라곤 믿어지지 않을 정도다. 하지만 보면 볼수록 매력 있는 건물이었다. 크라이슬러 빌딩은 그곳에 서있는 것만으로도 다른 빌딩들을 충분히 압도했다. 엠파이어스테이트 전망대에서 본 뉴욕 전경 중에서도 크라이슬러 빌딩은 당연히 으뜸이었다. 많은 나무들 중에 좀 더 크고 기품 있는 나무를 보는 듯했다.

크라이슬러 빌딩은 연필에서 영감을 얻어 지어졌다고 한다. 그래서인지 꼭 연필심의 뾰족한 부분을 나타내는 것같은 첨탑이 특징이다. 사소한 것 하나에서도 새로움을 이끌어낼 수 있는 상상력. 나는 왜 멋진 건물을 보면 부럽고 질투심까지 느끼는 걸까? 다른 사람들도 다들 자기가 하고 싶은 일에 있어선 그런 감정이 드는 걸까? 언젠가 내가 건물을 지으면 다른 나라에서도 유명해지고 훗날 건축을 좋아하는 사람들에게 존경받는 건축가가 될 수 있을까? 누군가는 내 건물을 보고 꿈을 더 키울 수 있을까?

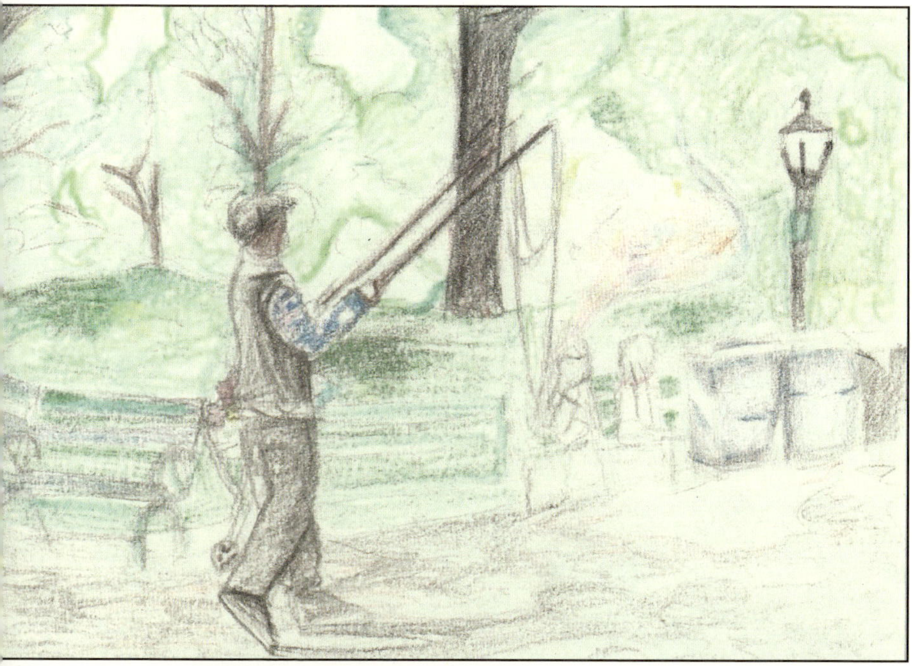

UNITED NATIONS
New York

NATIONS UNIES
Genève

Security Council Chamber

30년후 안녕하세요.

저는 대한민국에 사는 민경서 입니다.
UN 본부를 처음 가보니 모든것이 신기하고,
두려웠지만, 여기서 일해보고 싶기도
했었어요. 왜냐하면 UN 본부에서
자원봉사하러 다닌다는 것을
들었어요. 남을 도운다는 것은 혼자하려면
선뜻 나서지지도 않고, 꺼리낌이 들기도
한다. 하지만 여기서 사진들과 자료
등을보니 자원봉사가 하고싶어 지기도
했었어요. UN을 만든것이 좋은일 같아요.

미국행은 나의 꿈을 새로운 시각에서 바라본 계기

민경서 미래의 시각디자이너

미국에서 우리와는 다른 디자인적 요소를 보고 느끼는 바가 남다른 걸 보면 시각디자이너의 꿈을 잘 선택했단 생각이 든다. 자신이 몸담고 있는 세상을 벗어나 봐야 내가 가진 것들, 내가 꿈꾸는 것들에 대해 객관적인 시각으로 다시 바라볼 수 있는 것 같다.

뉴욕

대부분의 사람들은 뉴욕이라고 하면 맨하튼을 떠올리지만 실은 뉴욕시티는 맨하튼, 브롱크스, 브루클린, 퀸스, 스탠튼 섬의 다섯 개 구 전부를 아우른다. 남북으로 길게 뻗은 꼭 검지 손가락처럼 생긴 길고 폭이 가는 섬이 바로 맨하튼이다. 고작 길이 21km, 폭 4km가 채 되지 않는 이 작은 섬은 규모는 작지만 이 세상의 모든 것이 존재한다고 해도 과언이 아니다. 그래서인지 서울도 눈이 핑핑 돌아갈 만큼 바쁜 도시지만 뉴욕 역시 정신이 아찔해질 정도로 복잡하고 소란스럽다. 특히나 내 눈을 바쁘게 움직이게 만든 건 뉴욕의 건물마다 마치 공사 중인 듯 쳐놓은 그물망과 그 그물망에 달라붙은 광고판들이었다. 백 년이 넘은 도시인만큼 뉴욕의 건물은 나이로 따지자면 다들 할아버지뻘이다. 이제 막 생겨 깔끔한 9호선과 달리 우중충하고 자주 멈추고 먼지에 뒤덮인 남색의 1호선 지하철처럼 뉴욕 역시 건물마다 잿빛의 느낌을 풍긴다. 물론 그 잿빛에서 풍겨져 나오는 멋스러움도 당연히 존재한다.

하지만 길을 걸을 때마다 임시로 세워놓은 쇠파이프와 머리 위에 쳐진 그물망들 탓에 보도는 좁아지고 통행이 혼잡해 답답했다. 무슨 건물들이 이렇게 한꺼번에 공사를 한담?! 유럽의 건물들도 오래 됐지만 맨하탄처럼 이렇게 전부 임시 지지대들이 건물을 지탱하는 거리는 본 적이 없는데 말이다.

입술을 삐죽 내밀며 뉴욕의 건물에 대해 한마디 하긴 했지만, 사실 골골대는 맨하탄 건물들은 공사중인 것도 있긴 하지만 대부분은 처리하기가 힘들어 임시방편으로 막아놓은 것들이라고 한다. 오래 전에 지어져 특히나 비바람에 영향을 많이 받는 건물인데다 고층에서 가끔 돌조각이나 시멘트가 떨어지기도 해서 그물망을 쳐놓은 것이라고 한다. 보수 공사에 드는 돈이 건물을 신축할 정도로 어마어마하게 들어가기 때문에 달리 조치를 취하지 못하고 임시로 그렇게 해놓았다고 한다.

게다가 역사적 가치를 지닌 건물들은 보호해야 하기 때문에 맘대로 허물 수도 없다고 한다. 그래서 관리 당국이 지정해놓은 건물들은 외양은 그대로 유지한 채 내부만 새로 리모델링하거나 덧붙여 짓는 방법으로 우회한다고 한다. 때문에 공사중인 것처럼 보이는 건물들이 실제로 공사 중인 경우도 더러 있지만 그저 건물을 지지하는 임시방편의 경우가 더 많은 거라고.

뉴욕의 지반은 홍콩처럼 대체적으로 암반층으로 이루어져 있어 고층건물들을 짓기에 유리했다고 한다. 이러한 이유로 맨하튼은 농업보다는 고층 건물 건축에 어울리는 도시경제가 발달했다.

흔히 기존의 건물들이 낡고 흐름에 뒤떨어지면 헐고 새로 짓는다. 우리나라는 특히 더 그렇다. 내가 사는 아파트 역시 재개발 지역에 새로 생긴 뉴타운 아파트이고 서울 대부분의 지역들이 아마 그럴 것이다. 옛날 것들을 마냥 지키기만 하는 것 역시 어려운 일이다. 아파트 대신 낡은 집에서 살라고 하는데 누가 좋아할까? 게다가 뉴욕의 건물들처럼 백 년 안팎의 세월을 지나왔다면 아무리 꼼꼼하게 지었어도 지금 지은 건물만큼

방음이 잘 되거나 추위에 잘 견뎌낼 수 있을지 의문이 드는 건 당연하니 말이다.

그럼에도 불구하고 뉴욕의 오래된 건물들은 뉴욕의 랜드마크이며 자세히 살펴보면 지금 보아도 아름답기 그지없다. 단순히 붉은 벽돌을 쌓아올린 것만이 아니라 설계 단계에서부터 고심의 흔적이 엿보인다. 그만큼 섬세하게 지어진 건물들이다. 이 건물들은 뉴욕으로 몰려온 가난한 이민자들에게 싼 임금을 주며 짓게 해 가능했을 것이다. 커다랗고 유명한 유럽의 성당이나 건축물들에 감탄을 하면서도 한편으론 마음 한 구석에 남은 찝찝함은 바로 그 때문일 것이다. 이런 걸 만들어낼 수 있다는 것에 대한 경탄과 그러한 것들을 만들어 내기 위해 흘린 많은 사람들의 피와 땀에 대해….

사실 도시의 얼굴들은 그다지 다르지 않다. 오래 전 교류가 없었을 적에 비하면 뉴욕과 서울은 많이 닮아 있다. 고층 빌딩과 글로벌 브랜드를 가진 카페와 레스토랑, 그리고 갖가지 세계적 브랜드의 광고들, 영화 포스터나 극장까지 뭐, 우리와 그렇게 크게 차이가 없다. 차이가 있다면 영어로 쓰여 있거나 내가 모르는 내용일 뿐. 그 중 마음에 들었던 것 중 하나가 신호등과 표지판이 영화에서도 많이 본 것 같아 익숙했고, 신기하면서도 예뻐 보였다. 그리고 특이한 점 중 하나가 표지판에 사진이 삽입되어 있다는 사실. 게다가 거리가 일정하게 나눠져 있어 깔끔해 보이기도 하고 길 찾기도 쉬웠다.

뉴욕의 거리엔 가게의 이미지를 나타내는 브랜드 로고와 간판엔 각자

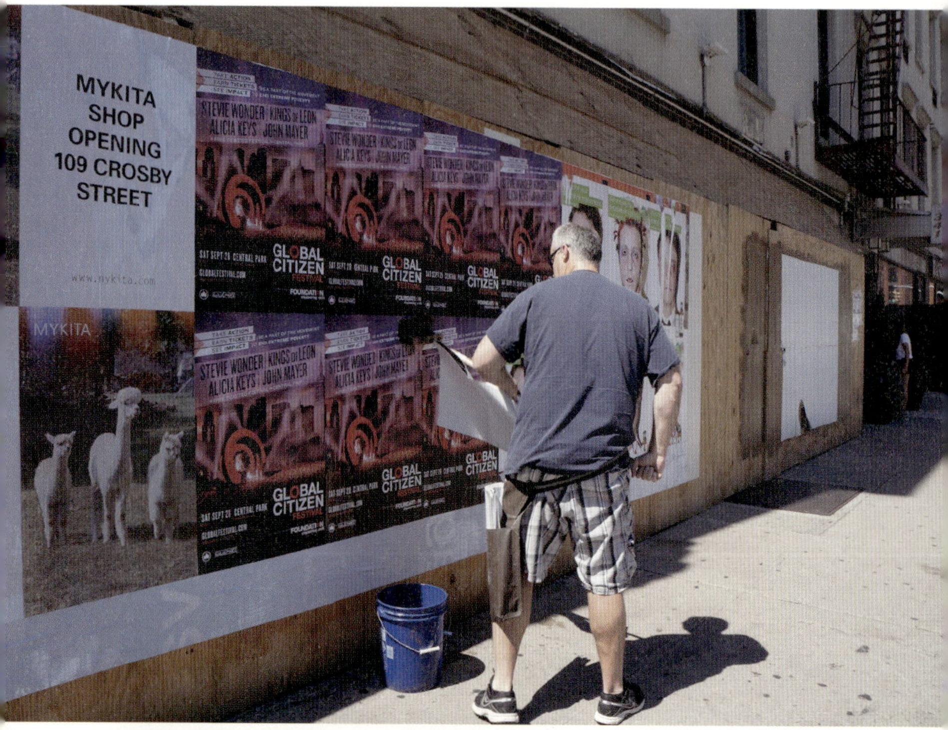

GADFLY
HERE
ENX
COST
COST
COST WAS

의 이름들과 함께 광고문구가 여기저기 걸려있고 벽에는 포스터들이 덕지덕지 붙어 있다. 이 무질서함 속에서도 미적 요소가 있고 사람들의 시선을 잡아끄는 포인트 역시 분명 있다. 무질서와 혼돈 속에도 그 나름의 질서를 만들고, 시각적으로 돋보이게 하는 게 바로 내가 꿈꾸는 시각디자이너의 역할이다.

사실 내가 시각디자이너라는 직업을 희망하게 된지는 얼마 되지 않았다. 7살 때 슈바이처를 읽고부터는 의사가 돼서 열악한 환경에서 살아가는 사람들을 도와주고 싶었다. 그러나 중학교 1학년 진로 시간에 곰곰이 생각해 보니 의사라는 직업은 내 적성에 맞지 않다는 것을 알게 되었다. 그 뒤로 내가 잘하기도 하고 관심이 있는 직업을 찾았다. 처음엔 마냥 디자이너가 되고 싶다는 생각뿐이었는데 디자이너도 단순하지 않다는 걸 알게 되었다. 한번은 방학 과제물로 친지 중 한 사람을 선택해 그가 가진 직업에 대해 조사해 오라는 것이 있었는데 그때 내가 선택한 사촌 언니의 직업이 바로 시각디자이너였다. 언니가 일하는 사무실에 직접 찾아가 보고, 내가 원하는 정보를 얻고 나서는 시각디자이너가 되기로 결심했다. 그런데 미국에서 우리와는 다른 디자인적 요소를 보고 느끼는 바가 남다른 걸 보면 시각디자이너의 꿈을 잘 선택했단 생각이 든다. 자신이 몸담고 있는 세상을 벗어나 봐야 내가 가진 것들, 내가 꿈꾸는 것들에 대해 객관적인 시각으로 다시 바라볼 수 있는 것 같다. 이번 미국행은 나의 꿈을 새로운 시각에서 바라보는 계기가 되었다.

하이라인파크

뉴욕에 빌딩숲만 있었다면 얼마나 삭막했을까. 복잡한 스카이라인들만 보고 걷다보면 어딘가 앉아 쉬고 싶고 고개를 올려 하늘을 보고 싶어진다. 다행히 뉴욕은 여기저기 크고 작은 공원들이 잘 조성되어 있다. 센트럴파크, 브라이언트파크, 배터리파크…. 그리고 이름 모를 많은 공원들을 지나쳤지만 그 중에서 하이라인파크가 가장 기억에 남는다.

웨스트 사이드 노선으로 맨해튼의 로어 웨스트 사이드에서 운행되었던 1.45마일(2.33km)의 고가 화물 노선에 꽃과 나무를 심고 벤치를 설치해서 공원으로 재이용한 하이라인파크는 12번가에서 남쪽으로 한 블록 떨어

진 곳에서, 미트패킹 디스트릭트(en:Meatpacking District)에서 30번가까지 뻗어나가, 첼시 지구를 지나고, 쟈비츠 컨벤션 센터(en:javits convention center) 근처의 웨스트 사이드 야드(en:West Side Yard)까지 아직도 지어지고 있는 곳이다. 이제는 쓰지 않는 철길 사이로 꽃과 나무들을 심고 있다고 한다. 건물들 사이를 뚫고 지나가는 공중 정원의 길은 꼭 맨하튼 중심을 통과하는 것 같은 기분이 들게 하는데, 다른 공원들은 우거진 나무가 울창한 느낌이라 순간 도시를 잊고 전원의 풍경을 느끼게 한다면 하이라인파크는 도시를 하나의 풍경으로 만드는 공원이다.

하이라인파크를 따라 걷다보면 맨하튼의 풍경이 그대로 드러나는데,

그 풍경을 곳곳에서 감상할 수 있는 벤치들이 여기저기 놓여 있다. 거의 눕듯이 앉는 해변의 나무의자 같은 벤치엔 편안히 누워 하늘을 보는 사람들도 있고 음악을 들으며 책을 읽는 사람도 있다. 중간중간 카페가 조성되어 있기도 하고, 굳이 노천 식당이 아니더라도 근처 첼시마켓에서 피자나 햄버거를 사가지고 와 먹는 사람들이 많다.

공원에 갈 때마다 나는 공원 안에 있는 사람들에 주목한다. 사람들이 무엇을 하는지 이곳에서 어떤 표정을 지으며 누리고 있는지…. 센트럴파크와 같은 공원들은 피크닉이나 조깅을 하는 사람들이 대부분이었다면 이곳을 찾는 사람들은 짤막한 휴식이나 도시의 낭만을 몸으로 느끼는 사람들인 것 같았다. 하이라인파크 아래로 난 도로들을 보며 여기가 뉴욕이라는 걸 보여주는 노란 택시들에 넋을 잃는 관광객들과 허드슨 강과 저 멀리 자유의 여신상을 보는 것처럼 말이다.

하이라인파크를 따라 걷다 보면 하이라인파크를 배경으로 화보를 찍는 사람도 있다. 차도와 같은 방향으로 의자들을 배치하고 통유리로 간이 전망대를 만들어놓아 도로를 위에서 내려다볼 수 있게 만든 곳도 있다. 커플들 혹은 친구나 가족끼리 앉아 피자나 햄버거를 손에 들고 음료수를 마시는 모습들이 자유로워 보인다.

도심과 공원, 언뜻 서로 매치가 안 되는 것들이 조화롭게 하나의 풍경

이 되고 있었다. 빌딩 숲 사이를 관통해 초록의 점이 된 곳에서 나 역시 벤치에 앉아 쉼표가 된 기분이 드는 곳이다. 철도 위엔 휴양지에 있을 법한 누울 수 있는 크기의 의자들이 여기저기 놓여 있다. 꼭 하나하나가 한 칸의 기차 마냥 작은 바퀴가 달려 있어 풀과 꽃들이 가득한 이 공중정원의 역사를 잊지 않게끔 보여주고 있다. 게다가 첼시마켓 위에서부터 나 있는 부분은 쉬엄쉬엄 걸으며 눈요기할 것들이 많다. 갤러리들이 많은 지역이라 그런지 그래피티도 많았고 공원 아래로 보이는 풍경들도 정겨웠다. 설치 미술의 메카 뉴욕답게 공원 안에도 설치 작품들이 많아 걷는 재미가 쏠쏠하다. 관광객들은 연신 사진을 찍기에 바빴는데 참 별 거 아닌 공간도 아이디어와 작은 실천들이 모이면 훌륭한 관광지가 된다는 사실을 실감케 한다. 그리고 이렇게 방치된 공간을 살리기 위해 많은 이들이 기부를 하고 설치미술 작품을 곳곳에 만들어 세우는 것 역시 대단한 일이고 말이다. 관 주도가 아니라 민간 차원에서 나서서 무언가 의미있는 작업을 해 내는 게 참 좋아보였다.

빌딩숲 사이를 쉼과 여유의 공간으로 만드는 것도 부러웠지만 버려진 철길을 걷어내지 않고 거기에 풍경을 덧칠하는 작업. 하이라인파크는 그런 곳이었다. 우리의 청계천만 해도 그렇다. 청계고가도로를 다시 청계천으로 복원해내는데 얼마나 많은 돈이 들었는지! 그래도 복원하고 나니 여름엔 분수가, 겨울엔 등불 축제도 볼거리지만 그 자체만으

로 도심 한가운데 물이 흐르고 산책할 수 있는 공간이 있다는 게 얼마나 매력적인가. 굳이 무언가를 만들고 뒤집어 엎지 않고, 있는 그대로를 소중하게 여기고 그 매력을 뽐낼 수 있는 걸 강조했으면 좋았을 텐데. 늦게라도 다시 도시에 숨 쉴 구멍이 생겼다는 게 좋다.

청계천이나 뉴욕의 하이라인파크가 새로운 명소라면 이제 이런 류의 공원이 새로운 흐름인 건 아닐까? 어떻게 하면 더 근사하게 재활용할 수 있을지, 빡빡한 도심에 싱그러움을 불어넣을 수 있는 방향은 어떤 걸까…에 대한 도시마다 나름의 답들 말이다. 사실 우리나라도 이제 이런 곳들이 점점 늘어가고 있다. 예를 들어 문을 닫은 탄광에 있던 레일을 레일바이크로 만들어서 관광 수입을 올린다든지 쓰레기 매립장이었던 곳을 공원으로 바꾼 하늘공원은 어떤가. 하이라인파크도 두 사람의 아이디어가 모임을 만들고, 사람들의 기부를 받아 이렇게까지 명소가 된 거니까 말이다.

게다가 하이라인파크 근처의 첼시 마켓 안에선 하이라인 피크닉 세트 메뉴들을 팔고 있었다. 첼시 마켓 밖의 카페나 음식점들 역시 마찬가지였다. 보존과 개발이라는 선택의 갈림길에서 보존은 환경의 가치를, 개발은 경제적 발전을 가져온다고 학교에서 배웠지만 꼭 그렇지만은 않은 것 같다. 보존이 그곳을 단순히 그 형태로 내버려두는 게 아니라 가꾸는 것이라면 그 땅에서 무언가를 생산해내지 않아도 그곳을 보러 오는 사람들이 즐길 수 있는 거리를 만들어준다면 그것만으로도 충분히 개발의 가치를 창출해낸 게 아닐까? 마치 이 하이라인파크처럼 말이다. 이 곳은 철도를 걷어내고 단순히 건물을 짓는 것보다 훨씬 더 큰 가치를 얻었고 주변이 예쁜 카페들과 갤러리들, 음식점으로 가득 찬 걸 보면 꼭 건물을 지어 올리는 것 외에도 다른 방식으로 이윤을 추구할 수 있는 건 아닐까?

남서쪽으로 내려갈수록 속속들이 들어선 멋진 건축물들을 보며 나는 확신했다. 구불구불한 것이 꼭 뱀처럼 흐느적거리는 모양새의 건물이나 그 옆에 우뚝 솟은 예쁜 유리창 색을 자랑하는 건물들을 보면 역시 사람들은 예쁜 걸 보고 싶어 하고, 그곳에 모여든다는 사실! MIT 대학을 지은 프랭크 게리의 건물이라는 구불구불한 건물을 보며 설마 저기도 그 기숙사 건물처럼 비가 샐까 싶다가도 어쨌거나 건축가들이 건물을 세우고 싶게 만든 것 역시 하이라인파크가 없었다면 불가능했을 거라는 결론을 내렸다. 이게 바로 미래 지향적 개발이라면 개발이 아닐까, 하고 말이다.

메트로폴리탄

메트로폴리탄 계단에 앉아 이야기를 나누는 사람들을 뒤로 하고 박물관 입구에 들어가면 어마어마한 크기에 압도당한다. 메트로폴리탄이 갤러리이면서 동시에 박물관이기도 해서 하루를 투자해도 다 살펴보기가 힘

〈Punk: Chaos to Couture〉 전시를 알리는 현수막이 붙어 있다.

들다. 미리 읽어온 가이드북의 팁대로, 메트로폴리탄은 한국어 오디오 가이드 서비스를 제공하기 때문에 그 오디오 가이드를 빌리고, 지도에 표시된 추천 관람 코스를 따라가 보기로 했다. 자, 이 거대한 메트로폴리탄의 미로에서 즐겁게 길을 잃어볼까? 시작!

오디오 가이드의 1번은 메트로폴리탄에 대한 설명에서부터 시작한다. 미국 시민들의 기부를 바탕으로 만들어진 이 박물관이 얼마나 매력적인 공간인지, 미국인들의 사랑이 구석구석 묻어 있다는 설명을 들으며 2층 계단으로 발길을 옮겼다. 2층 테라스에서 1층을 내려다보는 것이 어떠냐는 메트로폴리탄의 관장의 말을 번역한 오디오에 귀를 기울여 보았다. 자신이 제일 사랑하는 공간이 바로 이 테라스라는 말엔, 번역이지만 이 공간에 대한 애정이 묻어나와 나 역시 가슴이 두근거리기 시작했다.

2층 테라스의 벽면을 가득 메운 중국의 도자기들을 보며 동선을 따라가기 시작했다. 박물관의 전시관은 여러 나라에서 온 문화재들이 전시되어 있었다. 이 많은 문화재들이 모두 기부를 받은 것이라곤 해도 어떤 과정으로 기부를 받아 이곳까지 오게 되었는지는 알 수 없었다. 마치 프랑스에서 우리나라의 직지심체요절을 반환해주지 않은 것처럼, 미국도 다른 나라에서 가져 온 유물을 돌려주지 않고 이렇게 전시해놓은 건 아닐까 하는 생각이 머리를 스쳤지만 일단은 눈 호강부터 해보자 싶어 열심히 가이드북을 뒤적였다.

이집트 미술관을 비롯해 한국관, 중국관, 그리스와 로마 미술관이 미리 찜해놓은 내 동선이었는데 미국에 왔으니 미국관을 보긴 해야지 싶어 미국관을 우선 돌아보았다. 미국 전시관 역시 즐겁고 재미났지만 다른 전시관에 비해 깊이가 덜하다는 느낌은 지울 수 없었다. 아무래도 역사가 깊지 않은 나라라서 그런 걸까?

메트로폴리탄에는 조각들이 거의 각 전시관마다 전시되어 있었는데, 그 조각상 중 링컨의 조각상이 가장 기억에 남는다. 미국에 와서 더 감동받았는지도 모르지만 동상임에도 불구하고 그 세밀함이란.

메트로폴리탄의 유명한 컬렉션 중 하나는 바로 인상파 화가들의 작품들이었다. 드가와 시슬리, 모네와 마네, 고갱과 고흐의 그림들, 그리고 피카소의 청색 시대부터 장밋빛 시대의 그림들까지…. 마치 파리를 그대로 옮겨놓은 것 같은 느낌의 전시실에는 사람들로 북적여 다른 한산한 전시실에 비해 그 인기를 실감할 수 있었다. 드가는 어쩐지 침울한 색감의 발레 그림들이 인상 깊었다. 시슬리는 여리여리한 예쁜 색감의 그림들이라 여자들이 좋아할 것만 같았고 이름이 헷갈리는 모네와 마네는 미술 교과서에도 나왔던 유명한 그림들이 바로 이 메트로폴리탄에 있었다! 벽면을 가득 채울 만큼 크고 긴 수련꽃이 그려진 그림, 모네의 유명한 그 우산을 든 여자 그림을 발견했을 땐 나도 모르게 반가워 감탄사가 나왔다. 우리 집 달력에 있는 그림인데 매번 봤던 그 그림의 원작을 마주하니 가슴이 벅차 올랐다. 역시 프린트된 그림과 실제 그림의 차이는 어마어마했다. 미묘하게 다른 색감과 붓이 몇 번을 쓸고 갔는지 울퉁불퉁 덧칠된 그 질감이 빚어내는 아름다움에 자리를 뜰 수 없었다.

사람들이 제일 많았던 곳은 역시나 고흐의 그림들이 전시된 곳이었는데, 고흐가 세계인에게 제일 사랑을 받는 화가 중 한 사람이라니 그럴 만도 했

고흐의 자화상 앞에는 사람들이 끊이질 않는다.

다. 기념품 샵에서도 고흐의 그림 엽서들과 화집이 그렇게 쌓여있던데! 이렇게나 사랑 받는 작가가 당대에는 그림을 팔지 못해 가난으로 그토록 힘들어 했다니, 세상 정말 얄궂다는 생각이 들었다. 당대에 사랑을 받고 후대에 거품 인기였다는 소리를 듣는 것과 당대엔 알아주지 못해도 후대에서 이렇게 사랑 받는 것, 어느 쪽이 더 나을까? 나라면 당대의 인기를 택할 지도 모르겠다. 내가 이 세상에 존재하지 않는데 사랑을 받는 게 다 무슨 소용이람. 하긴. 그래서 내가 순수 예술보다 실용 디자인을 선택한 것인지도 모르겠다. 지금 사람들에게 필요한, 실용적이면서도 아름다움을 보여줄 수 있는 것으로 소통하고 싶다고 생각하는 건 욕심일까?

인상주의 화가 전시실을 지나 맨 꼭대기의 특별 전시관에는 마침 '펑크' 전시가 진행 중이었다. 〈Punk: Chaos to Couture〉라는 이름의 패션 전시였다. 아무래도 오래된 것들만 보다가 현대적인 걸 봐서 그런가, 반갑고 재밌어서 관심이

갔다. 이름만 들으면 다 아는 유명 디자이너들의 작품들이 마치 런웨이처럼 디스플레이 되어 있었는데 사진을 찍는 것이 금지되어 있어 몇몇 학생들이 벽에 기대어 스케치를 하고 있기도 했다. 박물관 곳곳에 아예 낚시 의자를 가져와 자리를 잡고 그림을 그리던 사람들도 있더니 여기에도 열의 있는 학생들이 많았다. 펑크 전시답게 옷들이 모두 과감했다. 어떤 옷들은 대체 뭐지? 싶을 정도로 해석이 난해한 옷들도 있었지만 말이다. 소매만으로 만들어진 옷이라든지 지퍼가 다닥다닥 붙은 옷이나 스터드가 옷을 모두 덮어 가까이 가면 뾰족한 스터드에 찔릴 것처럼 무서운 옷까지 다양했다. 패션과 음악의 시대는 함께 간다는 게 모토였던 듯, 전시관에는 계속해서 펑크 음악들이 흘러나왔다. 사실 나는 펑크에 대해 잘 모르기 때문에 짐작만 할 뿐이었지만 그 시대의 느낌은 어느 정도 알 수 있었다.

좀 더 덧붙이자면 패션과 음악, 시대가 함께 이어져 있다는 걸 요즘 나는 더 실감한다. 〈응답하라 1994〉라는 드라마가 인기를 끌었던 이유는 복고 열풍이 한 몫 거들었던게 아닐까? 당시에는 옷을 크게 입는 게 유행이었는지 다들 힙합으로 입고 헤어스타일도 삐죽삐죽하게 이상한 느낌이었는데 계속 보다보니 귀여운 느낌도 든다. 드라마엔 그 시대의 물건들과 더불어 당시 유행했던 노래들이 흘러나온다. 가만 들어보면 지금 들어도 좋은 곡들이다. 나중에 시간이 흐르면 지금 이 시절 내가 겪고 있는 문화적인 상품도 이렇게 전시될까? 전시된다면 어떤 것들이? 그렇다면 지금 내가 좋아하는 가수들은 좀 힘들겠다 싶기도 하다. 왜냐면 옛날 노래들은 발라드나 댄스여도 격한 댄스는 아니라 나이 먹어도 부를 수 있겠다 싶은데, 요즘 아이돌들의 노래는 랩도 해야 되고 춤도 춰야 하니 나이 먹어서 그게 과연 되려나?

센트럴파크

맨하탄은 정신없이 빠른 도시다. 사람들은 빠르게 걸었고 느긋하게 앉아 밥 먹을 시간도 없는 듯, 한 손엔 프레첼과 다른 한 손엔 커피를 들고 지나가는 사람들이 대부분이다. 수많은 자동차와 시끄러운 소음, 현란한 광고판이 혼을 쏙 빼놓는 곳이다. 가장 빠른 길을 따라 동과 서를 가로질러 걸어도 한 시간이 넘게 걸렸던 센트럴파크. 그런데 신기하게도 센트럴파크에 들어선 순간 빌딩숲이 아니라 진짜 숲이 펼쳐져 있었다. 초록으로 가득 차 풀향기가 나고 드넓게 펼쳐진 잔디밭이 가득하다. 자동차들의 소음 대신 사람들의 웃음소리와 나뭇잎이 바람결에 서로 부딪쳐 싸라락거리는 소리가 들렸다. 뉴욕이 맞나 싶을 정도로 다른 세계다. 우거진 숲 사이로 보이는 빌딩들이 뉴욕이라는 걸 확인시켜 주지만 자동차 대신 꽃으로 장식한 마차가 관광객을 태우고 느릿느릿 움직이고 사람들은 노래를 들으며 조깅을 하거나 자전거를 타기도 하고 산책을 하고 있는 모습은 여전히 이질적인 풍경이다. 호수에 배를 띄우고 데이트를 하는 사람들도 있고 큰 잔디밭엔 가족 친구 연인끼리 눕거나 앉아 일광욕을 즐기는 사람들로 가득하다. 여유와 평화가 넘쳐난다.

마침 우리가 공원을 산책할 때가 점심시간이었다. 그래서 그런지 공원 곳곳엔 샌드위치나 햄버거를 먹고 있는 사람들이 많았다. 벤치 대신 잔디밭에 앉아 있는 모습을 보니 꼭 영화나 드라마 속 장면 같았다. 우리는 점심으로 뉴욕의 유명한 햄버거 집인 Shake Shack Burger라는 가게에서 햄버거를 먹고 나왔는데 이럴 줄 알았으면 우리도 포장해와 여기에 앉아 먹었으면 좋았을 걸 하는 생각이 든다. 얇은 담요 하나를 깔고 앉아 잠깐 여유를 즐기러 나온 뉴요커처럼 말이다.

걷는 동안 숲처럼 보이는 곳을 지나오고 작은 연못과 호수들이 곳곳에 있다. 센트럴파크에서 나오면 메트로폴리탄 미술관 근처엔 작은 동물원이, 가보진 못했지만 지도엔 놀이공원과 식물원도 있는 모양이었다. 센트럴파크가 3㎢가 넘는 면적을 갖고 있다고 듣긴 했지만 대체 얼마나 큰 공원인지 쉽게 감이 잡히질 않았다. 그런데 이 공원이 인공적으로 조성된 도시공원이라니! 이렇게 큰 공원을 도시 한 가운데에 만들 생각을 하다니…. 생각해보면 우리 동네에도 작은 공원들이 몇 개 있다. 내가 사는

사람이 들어갈 정도의 큰 크기의 비눗방울을 만들던 남자

아파트 단지에도 벤치 몇 개가 놓여있는 작은 공원이 있는데 늘 사람들이 앉아서 이야기를 하고 있다. 저녁엔 운동을 하는 아주머니나 아저씨들이 있고 나 역시 친구들과 그곳에 앉아 아이스크림을 먹기도 하고 말이다. 그럴 때면 공부하기도 싫고 지쳤던 게 좀 나아진다. 공원은 역시 그런 데니까.

서울에 갑자기 사람들이 몰려 살기 시작해 도시화가 급속하게 진행되면서 무분별하게 개발이 되고 쉴 곳이 없어진 것처럼 19세기 뉴욕도 마찬가지였다. 그 때, 도시에 공원을 만들어 깨끗한 공기와 쉴 곳을 시민들에게 제공하자는 계획에 의해 만들어진 것이 바로 센트럴파크였다. 난 사실 처음엔 센트럴파크가 있는 부분만 빼고 도시를 건설한 줄 알았다. 공원을 만들기 위해 땅을 사는데 든 돈만 550만 달러가 들었다는 얘기를 들었을 땐 적잖이 충격을 받기도 했다. 그 시절에도 뉴욕의 땅값은 장난이 아니었을 텐데 그곳에 빌딩을 세우는 대신 공원을 세우겠다는 발상이 놀랍다. 물론 지금에야 '힐링'을 이

야기 하지만 그 당시엔 모두가 개발에 몰두했을 텐데 과감하게 이렇게 큰 공원을 지었다는 게 생각할수록 신기했다. 우리나라도 최근에야 청계천을 복원했을 정도이고, 그 전에는 멀쩡한 숲도 밀어버리고 개발을 했었는데 말이다. 우리는 이제야 자연과 어우러진 휴식 공간이 얼마나 중요한지 인식했는데 아마 내가 뉴욕 사람이라면 어쩐지 으쓱해질 것 같기도 하다. 단순히 빌딩을 세우고 돈을 벌고 부동산에 투자하는 것만이 전부가 아니라 공원이 이만큼 중요하고 멋진 곳이라는 걸 예전부터 알았다는 그런 자부심 같은? 마냥 부럽기도 하고 대단하단 생각도 들었지만 이런 생각도 들었다. 뉴욕은 산이 없는 도시라 굳이 이렇게 공원을 지어야만 했던 곳이고 우리나란 곳곳에 산이 있어 굳이 공원을 떠올리지 않아도 됐던 건 아닐까 하는 그런 생각. 이미 서울 안에 남산이 있고 서울숲이 있으니 공원을 지을 생각을 하지 않았을 지도 모른다. 인공적으로 자연을 만들지 않아도 나라의 70%가 이미 산이니까 말이다. 게다가 자연을 좋아하고 조화를 이루며 살아왔던 조상님들 생각을 하면 막연히 센트럴파크를 부러워할 게 아니라 그냥 서로 다르구나, 하는 생각이 들었다. 너무 무분별한 개발들만 하지 않으면 우리나라는 이미 충분할 텐데….

이런저런 생각을 하면서 천천히 걷다 보니 어느 새 센트럴파크의 중간 지점쯤 되는 분수대에 도착했다. '물의 천사' 조각상을 보며 분수에 가까이 다가갔을 때 미키마우스 탈을 쓰고 있는 남자를 만났다. 분수대 앞에 앉아 휴대용 스피커를 끌어안고서 더웠는지 탈을 썼다 벗었다를 반복하고 있었다. 사진 찍어도 되냐는 말에 흔쾌히 손으로 오케이 사인을 만들어 보여주었는데 알고보니 여자친구에게 프로포즈를 하기 위한 이벤트를 하고 있다고 했다. 나는 꺅꺅 소리를 지르며 와, 로맨틱해! 굿럭! 이라고 외쳤다. 더운 날씨에 인형 탈까지 쓰고 나를 위해 이벤트를 해주는 누군가가 있다면…. 부럽기도 하고 멋있기도 해서 나는 한참을 웃으며 그를 쳐다보았다. 센트럴파크 하면 영화 〈러브스토리〉에서 눈밭을 구르며 눈싸움을 하던 장면이 떠오르는 곳이다. 아마 오늘 프로포즈에 성공한다면 올 겨울엔 그와 그가 기다리는 그의 여자 친구가 영화처럼 여기서 눈싸움을 할지도 모를 일이다.

애인에게 프로포즈 이벤트를 위해 인형탈과 음악을 준비하고 있는 현지인

분수대 맞은편 다리 밑에선 작은 뮤지컬 공연을 보는 듯한 무대가 준비되어 있었다. 첼로와 바이올린, 플롯의 연주와 더불어 남녀가 노래를 부르고 있었는데 비단 거기뿐 아니라 공원 여기저기에서 이런 크고 작은 공연들이 펼쳐지고 있었다. 공원 입구에서부터 큰 비눗방울을 만들어 사람을 비눗방울 안에 넣는 퍼포먼스를 하는 사람, 기타를 들고 노래를 부르는 사람들. 구경꾼들은 기타 케이스 안에 쌓아둔 그의 CD를 사거나 돈을 놓고 가기도 했다. 뉴욕은 도시 곳곳이 이랬다. 센트럴파크 동쪽에 있는 메트로폴리탄 박물관 앞 계단에서도 바이올린을 연주하는 사람이 있었고, 길거리나 또다른 공원인 하이라인파크와 브라이언트파크에서도 이런 광경과 여러차례 만났다. 어쩐지 노래를 부르거나 연주를 하는 건 공연장이나 텔레비전에서만 볼 수 있는 것 같았는데 여기선 모두가 자유로운 공연자였다.

도심 한가운데 이렇게 큰 공원이 있다는 사실이 갑자기 부러워졌다. 게다가 관광객들이 찾는 명소라는 사실도. 일상의 한 부분이면서 수많은 영화촬영지이기도 한 걸 보면 공원이라는 곳이 단순히 아스팔트와 콘크리트 천국인 도시 숲속의 휴식 공간으로 그치는 게 아니라 다양한 기능을 한다. 낭만적인 공간이 되기도 하고 때로는 힐링의 공간이기도 하다.

공부만 한다고 집중이 되는 게 아니듯, 어떤 휴식을 어떻게 취하느냐도 중요한 문제인 것 같다. 텔레비전을 보거나 컴퓨터를 하거나 그런 게 정말 휴식시간일까? 이렇게 공원에 앉아 초록의 풍경에 스며들어 이런 저런 생각들을 하고, 그런 생각들이 창조적인 사고를 끌고 오는게 아닐까. 어쩌면 이곳에서 영화 촬영을 시작한 감독들도 처음부터 영화를 찍을 생각으로 이곳을 오진 않았을 것이다. 영화를 구상하다 잘 되지 않자 쉬러 왔다 이곳에서 이런 장면을 찍으면 어떨까? 하는 새로운 생각이 들었을지도 모를 일이다. 마치 내가 한 시간 동안 이곳을 걸으며 이런저런 생각을 한 것처럼 말이다. 애니메이션 영화인 〈마다가스카〉 역시 이런 공원이 없었다면 나오지 않았을 것이다. 도심의 동물원을 탈출한 동물들이라는 상상력의 바탕이 바로 센트럴파크니까 말이다. 이렇게 도심 속의 공원이 중요하다는 것을 우리 역시 서서히 느끼고 있는 게 참 다행이다. 동네마다 작은 근린공원을 만드는 것도 분명 건물 하나를 세우는 것보다 더 많은 가치를 가질 테니까.

우리나라도 센트럴파크처럼 부산에서는 '100만평 시민공원 갖기 운동'을 한다는데 빽빽하고 회색빛으로 변하는 도시에서 공원은 그만큼 중요하다는 걸 보여준다. 그리고 이렇게 공원의 소중함을 깨달았다는 건 그만큼 우리나라의 도시화가 빠르게 진행되어 자연적인 모습을 잃어간다는 반증이기도 하다. 빠르게 달려온 만큼 이제 주위를 둘러보고 천천히 앉아 생각할 시간이 필요한 거겠지? 당장의 돈보다 꿈과 낭만으로 가득 찬 공간. 센트럴파크는 공원, 그 이상의 공원이었다.

윌리엄스버그

뉴욕은 참 수학적인 도시다. 바둑판같이 매끄럽게 정렬된 도시, 수직적인 빌딩과 실용적인 디자인으로 가득찬 곳. 자연림이라는 착각이 들 정

도의 센트럴파크마저 인공적으로 만들어졌으니 그 계산적이고 이성적인 공간 배치의 효율성을 생각하면 인간이 만들어낼 수 있는 최고의 아름다움이 아닐까싶다.

이와 꼭 반대인 곳이 있다. 거대한 도시의 이면이기도 하고, 올망졸망 모여든 사람들의 독특한 감성을 느낄 수 있는 곳, 바로 윌리엄스버그다. Bedford 역에서 나오면 머리 위로 전깃줄이 보이는데, 그 전깃줄에 유쾌하게 운동화 끈을 걸어놓아 입구부터 분위기를 짐작하게 만드는 곳이다. 공기부터 뉴욕과 다른 느낌이라면 이해가 빠를까? 이성적인 공간이 뉴

NTSF:SD:SUV::
THURSDAYS AT 12:15a
[adult swim]

beer • wine • appetizers • cafe bar • backyard pa

HANDSOME DAN'S
SNO CONES

욕이라면 브루클린과 윌리엄스버그는 감성적인 공간이다. 건물의 벽마다 제각각 개성 있는 그래피티를 구경하느라 바쁘고, 길가엔 벼룩시장처럼 사람들이 자신들의 물건을 팔기도 하며 빈티지 의상과 물품들을 판매하는 상점들이 거리를 가득 메우고 있기 때문이다. 심플하고 시크하게 차려입은 뉴요커들의 의상과 달리 윌리엄스버그를 지나는 사람들은 하나같이 개성적인 옷차림을 하고 있다. 머리색도 제각각이고 몸에 피어싱이나 문신을 한 사람들도 많이 보인다. 꼭 홍대 같은 느낌? 서울에서 가장 젊고 최신 유행이 범람하면서도 그만의 고유한 아이덴티티가 지켜진 곳이라면 얼추 비슷한 설명일 것 같다.

뉴욕의 골목은 마치 정해놓은 정체성을 지키려는 듯, 옷가게들이 한 골목을 차지하고 있고 그 다음 골목은 보석을 판매하는 도매 가게들이, 다른 골목은 세탁소들이 즐비한 거리, 다른 한 쪽엔 카페 골목이, 그 맞은 편 골목엔 갤러리들이 가득하고, 다른 골목엔 극장가. 뉴욕 골목이 거리마다 특색이 있었다면, 윌리엄스버그는 그 모든 것들이 한 골목에 뒤섞여 있다. 구경하느라 골목 하나를 빠져나가기가 어려울 정도이다. 어떻게 보면 근본 없이(?) 이것저것 다 뒤섞인 골목에는 미용사가 단 한 명인 미용실과 요즘 뉴욕에서 가장 핫하다는 카페, 색깔별로 옷들을 전시해놓은 빈티지 옷가게와 직접 빵을 만든다는 베이커리와 맥주 공장이 모두 모여 있었다. 자동차보다는 자전거를 타고 지나는 사람들이 더 많은 이

NYC

MEDICINE

곳. 대체 이 골목의 정체는 뭐지?

다른 여행지들이 이전부터 유명한 곳이었다고 하면 이곳은 이제 막 알음알음 사람들이 모여드는 곳이다. 마치 소호나 첼시의 경우처럼, 이제는 용도를 변경해 집값이 낮아진 곳에 예술가들이 모여 특유의 분위기를 만들고 사람들이 북적이기 시작한 곳이다. 뉴욕은 특히나 예술가나 갤러리들이 차지한 곳이 이렇게 인기를 끄는 스팟이 되는 걸 보면 정말 아트한 도시라는 느낌이 든다. 또 그들이 사랑하는 분위기가 어떤 건지도 느껴지고! 게다가 이곳의 카페들은 대부분 공정무역으로 들여온 원두나 초콜릿 등을 판다는 간판들이 많았다. 갤러리들 역시 비영리를 표방하는 곳이 많아 규모는 작지만 그들이 지향하는 바를 뚜렷하게 보여준다. 조용한 공간에 모여든, 같은 생각을 공유하는 사람들끼리 만든 예술가촌이 바로 윌리엄스버그인 것이다. 이래서 미국이 세계의 미술 시장을 이끌어가는 걸까? 미래의 여러 가능성 중 하나의 대안을 제시하려는 젊은이들이 뉴욕으로 모여드는 것도 이해가 된다.

빈티지한 서점을 구경하고 나면 그 옆에는 아기자기한 사탕을 파는 공간이 나를 잡아 끌고, 그 옆에는 수북하게 쌓아놓은 옷들이 단돈 10달러라고 유혹하고, 또 그 옆엔 영화 속에서나 봤던 오래된 피크닉 세트와 폴라로이드 카메라 같은 소품들이 가득했다. 게다가 길거리 벽면엔 여러 포스터들이 붙어 있어 그것마저 예술적인 분위기를 팍팍 풍겼는데, 규모는 작지만 블루스, 일렉트로닉, 얼터네이티브, 락부터 시작해 작은 연극 무대까지 다양한 공연장들이 구석구석에 박혀 있어 마치 보물찾기에 나선 기분이다.

조용하고 밋밋한 입구와 달리 일단 들어가보면 마치 이상한 나라의 앨리스에 나오는 공간처럼 새로운 세계가 펼쳐지는 곳이 바로 윌리엄스버그였다. 솔직히 말하자면 여행자들이 좋아할만한 거리는 맨하탄보다 이 작은 윌리엄스버그 골목길이 아닐까 싶을 정도였다. 맨하탄은 볼 것이 너무 많았지만 길거리를 걷는 즐거움은 없었기에.

간판이 다닥다닥 붙은 건물들과 벽화들, 감각적인 포스터들이 나를 반겼다. 이탈리아 이민자들이 주로 거주했던 탓인지 이탈리안 레스토랑이 많았지만 일식집도 눈에 자주 띈다. 아시안 푸드가 유행인가? 할 정도로 베트남 음식점이나 타이 음식점도 보였다. 우리나라에서 유행을 하고 있는 북유럽풍의 가구나 소품을 파는 가게와 노르딕 장식을 해놓은 카페들을 지나칠 때엔 정말이지 홍대 골목을 지나는 느낌이 들었다. 은근 뉴욕의 분위기는 한국과 같은 부분이 많다는 걸 새삼 느꼈다. 우리나라가 뉴욕의 영향을 많이 받아서인지 최신 유행 자체를 받아들이는 게 빨라서 미국에 있는 건 우리나라에 다 있는지(?) 어느 쪽인지는 잘 모르겠지만 말이다.

윌리엄스버그에는 특별한 가게들이 많지만 가장 즐거운 구경은 역시 빈티지 가게들이었다. 빈티지 옷들부터 소품까지 다양한 제품들이 진열되어 있었는데 설명이 없으면 이게 정말 빈티지 물건들인가? 싶을 정도로 새 것부터 시작해 명품들이 놓여 있기도 하고 구하기 어려운 옛날 물건들이 많았다. 의외로 세련된 깍쟁이들(?) 느낌이 강한 뉴요커들이 남들이 쓰던 물건을 사서 쓰기도 하는 구나 싶어 놀라기도 했다. 영국이나 일본은 워낙 빈티지한 것들을 좋아하고 수집하는 사람도 많다고 들었지만 여긴 뉴욕인데! 하긴. 우리나라도 빈티지가 유행하기 시작한지 얼마 되지 않았다. 나만 해도 딱히 빈티지를 모으진 않지만, 빈티지를 좋아하는 사람들은 오히려 그 물건들에 든 이야기와 시간이 소중하고 단 하나의 물건이라는 유일성 때문에 빠져들면 빠져들수록 허덕이게 된다고 하는데 정말 그런 건지도 모르겠다. 매력 있어. 확실히!

게다가 가장 좋았던 건 바로 허드슨 강이 바라다 보이는 자리였다. 미국의 유명한 맥주공장을 지나 수상 택시를 탈 수 있는 곳으로 가는 길에 축구장이 있었는데 축구장 사이로 난 길 끝에 강이 보이는 거였다. 살짝 걸으니 꼭 한강 강변처럼 앉을 수 있는 곳이 보였다. 세상에! 강변이 바로 코앞에 펼쳐져 있는데다 맞은편에는 맨하탄이 보이고 아무도 없는 자리라니! 내가 꼭 이 경치를 전세낸 것처럼 나만 보고 있는 것이 아까울 정도였다. 시원한 강바람이 불어오는 이 풍경을 전할 수 있으면 참 좋을 텐데.

이런 매력적인 공간을 아는 건 나뿐이지 않을까?

"미국에서 가장 맛있게 먹었던 건 뭐였니? 가장 좋았던 곳은 어디였어? 언제가 제일 좋았니?"

부모님에 말에 나는 곰곰이 생각하다 이렇게 대답했다.

"어딘진 자세히 모르겠어! 그치만 길을 가다 샛길로 빠져서 본 풍경이 좋았어. 조금 걸으니까 갑자기 허드슨 강이 눈 앞에 펼쳐지고, 해가 쨍쨍한 더운 여름이었는데 갑자기 불어오는 강바람에 기분이 좋아졌어! 바로 앞엔 맨하탄의 건물들이 보이고 가만 앉아서 좋아하는 노래를 듣는데 내 앞으로 노란 수상 택시도 지나갔어! 막 손을 흔들었는데 갑판에 나와 있던 사람들 몇 명이 같이 손을 흔들어줬어! 왠지 엄청 기분이 좋았어!"

하버드

누구나 선망하는 대학교를 말하라고 하면 아마 빠지지 않고 나오는 학교가 하버드 대학교일 것이다. 한 번도 그곳에 가본 적 없는 나 역시 하버드라는 이름만으로도 두근두근거릴 정도니까 말이다. 신촌에 놀러 갔을 때 연세대학교나 이화여자대학교 앞을 지나며 대학교 캠퍼스를 곁눈질로 보긴 했지만 하버드는 뭔가 다를 거란 상상을 하며 뉴욕에서 보스턴으로 먼 길을 달려갔다. 하버드에 재학 중인 학생과 함께 캠퍼스를 돌아본다고 생각하니 궁금한 게 한두 가지가 아니었다. 왜 하버드를 선택했는지, 한국의 대학교와 수업은 어떻게 다른지, 하버드만의 특징이 뭔지, 얼마나 공부를 열심히 하면 하버드에 들어가는지 등등 만나기 전부터 물어볼 것들을 미리 수첩에 적어 두었다. 동아리 활동은 어떨까? 대학교에 들어가면 뭐가 제일 좋은지? MIT랑 붙어 있는데 연고전처럼 라이벌 의식이 있는지 물어보면 웃을까?

하버드 올드 야드에 서서 그 분을 기다렸다. 넓게 펼쳐진 잔디밭과 나무들 사이로 색색의 의자들이 놓여 있었다. 마치 뉴욕의 공원에서처럼 피크닉을 즐기는 사람들과 관광객들로 하버드는 북적였다. MIT의 건물들이 반듯하고 조용하며 차가운 느낌이 들었다면 하버드의 건물들은 붉은 벽돌의 따뜻한 느낌과 푸릇한 잔디밭이 어우러져 편안한 느낌을 주었다. 선입견 탓이기도 하지만 MIT는 딱딱한 0과 1로 만들어진 디지털 세계를 구현해놓은 느낌이라면 하버드는 자연스럽고 아날로그적인 책을 펼쳐놓은 느낌이랄까?

하버드 대학원생으로 공부를 하고 있다는 현지 가이드가 도착하고 간단한 인사를 한 후, 그는 대뜸 자신이 지금 서 있는 곳에서 가장 유명한 게 뭔지 아냐고 물어왔다. 글쎄, 뭘까요? 내 대답에 그분은 손으로 한 곳을 가리켰다. 한적한 야드와 상반되게 그곳만 사람들로 북적였다. 그곳엔 동상이 하나 서 있었다. 존 하버드의 동상이었는데, 동상의 발을 만지면 자식이 하버드에 입학한다는 속설 때문에 다들 저 발을 만지느라 항상 길게 줄이 늘어서 있고 그 왼쪽 발만 동이 벗겨져 금색으로 반짝반짝, 맨질거렸다. 이 동상엔 세 가지 거짓이 있는데 첫 번째는 연도다. 동상에 적힌 1638년이 하버드의 설립날짜라고 알고 있는데 존 하버드가 죽은 연도를 기념하는 숫자라고 한다. 두 번째 거짓은 존 하버드가 하버드의 설립자라고 되어 있는데, 실은 존 하버드는 목사이고 첫 번째 기증자라고 한다. 그리고 세 번째 거짓은 동상이 만들어진 시기가 존 하버드가 죽은 후 200년 뒤에 만들어져 얼굴을 조각하기 힘들었다고 한다. 그래서 그 당시 하버드생 중 가장 잘생긴 학생의 얼굴을 본 따 만들었다고 하는데 믿거나 말거나한 속설들이다. 어쨌거나 나도 그 발을 만졌는데, 솔직히 내 2세가 하버드에 가는 것보다 내가 하버드에 오게 해달라고 빌었다. 이루어질지는 시간이 지나보면 알겠지?!

존 하바드 동상, 왼쪽 신발의 색깔이 변해 있다.

동상의 발을 문지르고 기념 사진까지 다 찍자 그 분이 낄낄거리며 하버드 하면 떠오르는 것들이 있냐고 물었다. 내 얼굴 표정이 물음표를 만들자, 그 분은 하버드에선 해마다 5월이 되면 쿼드라는 기숙사 앞에서부터 학생들이 나체로 소리를 지르며 캠퍼스를 뛰어다닌다고 말했다. 시험에 지쳐서 그동안 쌓인 스트레스를 해소하기 위함인데 'Primal scream', 즉 '원초적 비명소리'라고 한단다. 1960년부터 시작한 나름의 전통 있는(?) 행사라고 하는데 이 행사 외에도 한 가지가 더 있다고 한다. 그건 바로 시험 보기 전날 밤에 존 하버드 동상에 소변을 보는 거란다. 관광객들은 그걸 모르고 동상을 만진다고 하는데 그 이야기를 듣자마자 내 얼굴 표정이 구겨지는 걸 보고 한참을 웃으셨다. 역시 세상엔 몰라도 되는 진실들이 너무 많은 거야! 그러고 보니 명문대 중 하나인 예일대 역시 악동클럽이 시험기간에 도서관 열람실을 나체로 돌아다닌다는 말을 들은 적이 있었는데 공부를 너무 많이 해서 미친 거라며 친구와 키득거렸던 기억이 난다. 하버드 학생이나 예일대 학생이나 천재들은 역시 좀 특이한 모양이다.

캠퍼스를 거닐며 설명을 듣다 그 분이 도서관 앞에 멈추었다. 도서관은 하버드의 여러 건축물들 중에서도 특히 예뻤다. 계단엔 공부하다 잠시 쉬러 나온 학생들이 삼삼오오 모여앉아 이야길 나누며 아이스크림을 먹고 있었다. 대학교에 대한 로망 중 하나가 같이 캠퍼스를 거닐다 도서관에서 마주보며 공부하는 상상을 하곤 했는데 바로 눈앞에서 그런 학생들을 보니 부럽기도 하고 나도 저렇게 캠퍼스 생활 꼭 해봐야지 하는 생각도 들었다. 그 때, 하버드에 다니시는 분이 저 아이스크림에 대한 이야길 해주겠다고 했다.

하버드의 도서관은 한 학생의 어머니가 기증한 돈으로 만들어졌다고 한다. 그 학생은 평소에 오래된 책을 수집하는 것을 좋아했는데, 고서적을 수집한 후 미국으로 돌아오는 배를 탔는데 바로 그 배가 타이타닉이었다. 모두 알다시피 타이타닉은 침몰했고 안타깝게도 학생은 사망했는데 그 학생의 어머니는 하버드에 다니던 자신의 아들을 기리기 위해 건물을 지어 기부했다고 한다. 그리고 기부 조건으로 세 가지 부탁을 했는데, 도서관에 절대 손을 대지 않는 것이 첫 번째였다. 그리고 아들이 아이스크림을 좋아했으니 아이스크림을 도서관에서 먹을 수 있게 할 것, 마지막으로 수영 수업을 이수해야만 졸업이 가능하게 할 것을 요구했다고 한다. 그래서 저 학생들이 아이스크림을 먹는 것이라는 말을 들으니 왠지 애잔한 마음이 들었다. 그 어머니의 눈엔 저 학생들이 모두 자신의 아들과 겹쳐 보일 테지…. 이 조건 중 하나만이 변했다고 하는데 장애 학생들에 대한 차별 논란 탓에 수영이 필수 졸업 요건인 것만 폐지됐다고 한다.

이 외에도 하버드엔 수많은 에피소드를 간직하고 있다. 오래된 장소엔 언제나 많은 이야기들이 쌓여 있고 수없이 많은 학생들이 거쳐 간 곳

이니 만큼 다양한 이야깃거리들이 넘쳐난다. 그리고 이곳을 거쳐 갔던 졸업생 중에서 대통령이 여럿 배출됐다고 생각하니 내 미래의 대학 생활에 대해 다시 상상하게 된다. 나는 대학에 들어가면 어떤 대학생활을 하게 될까? 마지막으로 해줄 말이 있다며 가이드는 하버드는 공부벌레를 원하지 않는다는 조언을 해주었다. 그리고 그건 하버드뿐 아니라 모든 대학이 그렇다고 말이다. 이건 또 무슨 소리지? 거짓말! 가이드는 차분히 설명했다. 단지 공부만 하는 것은 소용이 없다고 말이다. 공부도 하면서 내가 원하는 걸 찾고, 수업을 들으며 토론하며 진리를 찾아가는 과정이 주도적이어야 한다고 말이다. 단지 책상에 앉아서 책을 읽고 암기를 하는 것이 아니라 여러 교내 활동을 통해 교류의 폭을 넓히면서 좋아하는 것들을 찾아나가고, 그래야 스스로도 더 열심히 공부하게 된다고 말이다. 그래서 하버드 학생들이 공부를 많이 하기도 하지만 그만큼 자신이 관심 있는 유명인사들의 세미나나 모임에 빠지지 않고 나가고 다양한 활동들을 많이 한다고 한다. 그래서 얼핏 보면 공부만 하는 범생이들 같아도 만족도도 높고 자부심도 가지면서 재밌게 학교생활을 할 수 있는 원동력이 된다고.

그 말을 들으니 내가 제대로 생각하지 못한 1%가 채워지는 기분이 들었다. 당연히 공부를 잘하면 좋은 거고, 시험을 잘 보면 부모님이 내가 원하는 것들을 들어주기도 하고…. 그 중에서도 물론 좋아하는 과목은 있

지만 왜 잘해야 하는지, 어떤 걸 좋아해서, 그게 하고 싶어서 어떻게 해야 하는지에 대해선 깊이 생각을 안 해봤기 때문이었다. 물론 내 또래의 친구들이 이런 생각을 심각하게 해볼 수 없고, 경험할 수 없어서 그런 것인지도 모른다. 이 먼 곳까지 와서 그냥 대학 탐방을 하고 가는 것이 아니라 앞으로의 인생에 대한 동기부여가 된 것만 같아 마음이 배부른 날이었다.

카메라

뉴욕에 가기 전, 뉴욕이 배경인 영화들을 보았다. 〈나 홀로 집에 2〉, 〈투모로우〉, 〈악마는 프라다를 입는다〉, 〈어거스트 러쉬〉 등. 그리고 무한도전에서 미국을 방문했던 영상까지! 지금 생각해보면 나름 많이 찾아본 것 같다. 이미 영상으로 미리 찾아보고 가서였을까? 뉴욕을 걷는 내내 영화 속에서 보던 장면에 내가 서 있는 것 같아 묘한 기분이었다. 거리를 돌아다닐 때에도 마치 화보를 찍는 것 같았다. 이곳저곳 카메라를 들이대도 다 엽서의 한 장면처럼 찍히는 뉴욕이기도 하지만 특히 화려한 포스터와 광고들을 사진에 담으려고 했다. 마치 유명한 시각디자이너가 되기라도 한 것처럼.

한국으로 돌아와 여행지에서 찍었던 사진을 보다가 정지된 화면이 풍경처럼 움직이는 것 같아 나 자신도 작잖이 놀랐다. 멈춰 있는 노란 택시가 도로를 달리는가 하면, 걷다 찍힌 사람들이 마법처럼 다시 또각또각 소리를 내며 걷고, 나도 그 풍경으로 섞여 들어가는 그런 상상. 서울에 돌아오고 나서도 핸드폰과 카메라만 있으면 언제든 그곳으로 갈 수 있다는 게 얼마나 멋진 일인지. 시공간의 개념이 확장되고 타임머신처럼 어디든 이동할 수 있게 만들어주는 것들은 사실 별 것 아닌 우리 주변의 기기들 때문인지도 모르겠다.

스타벅스

미국에선 어느 도시를 가든 스타벅스를 만날 수 있다. 거리마다 꼭 하나씩은 있게 마련이다. 심지어 우리가 머무는 호텔 안에 스타벅스가 입점해 있기도 했다. 코너만 돌면 보이는 초록색 간판이 어느새 익숙해져 반갑게 느껴질 정도로 말이다.

엠파이어 스테이트 빌딩 바로 옆 건물에도 스타벅스가 있었다. 목도 마르고 의자에 앉아 쉬기 위해 들어갔는데 메뉴판이 영어로 쓰여 있어 조금 당황했다. 미국에서 영어가 당연한 건데, 관광지라서 그런지 손님도 많고 줄도 길어 메뉴판을 읽고 주문하려다가 조금 버벅거렸다. 직원이 친절하게 말을 걸었지만 답할 정신도 없었다. 가까스로 음료 이름을 말하는데 갑자기 이름을 묻는다. 이름? 내 이름을 왜? 얼떨결에 나는 내 이름을 말해주었고, 점원은 알아듣기가 어려웠는지 되물었다. 좋은 하루 보내라는 말까지 듣고 음료가 나오는 곳에 서서 기다리고 있었다. 혹시나 내가 주문한 음료 이름을 부르는 걸 놓칠 새라 긴장하면서 말이다. 그런데 갑자기 '경서? 경서!' 하면서 내 이름을 부르는 거였다. 나는 놀라서 음료를 받아들었다. 미국의 스타벅스에서는 이름을 쓰고 불러주었는데 알고 보니 다들 집 근처나 회사 근처 스타벅스의 단골처럼 이름으로 주문을 받고 인사도 나눈다고 한다. 꼭 우리 동네의 카페에 갈 때처럼 친근한 기분이 들었다.

네일아트

미국에서는 젊든 나이가 들었든 가리지 않고 모든 여자들이 네일아트를 받는다는 얘기를 들었다. 실제로 네일아트에 필요한 재료들을 파는 가게들이 많았다. 게다가 옷가게에서도 그들의 이름을 따서 그 안에 메니큐어를 파는 코너를 따로 마련해놓은 곳도 있었다. 나도 아메리칸 어패럴이라는 브랜드에서 예쁜 색의 매니큐어 두 개를 샀다.

우리나라도 몇 년 전부터 네일아트 붐이 일고 있다. 한인타운에 갔을 때 들은 이야기지만 뉴욕의 네일아트 가게를 운영하고 실제로 그곳에서 일하는 한국인들이 많다고 한다. 혼자서도 웬만한 기술자 못지않게 잘해내는 걸 보면 정말 한국 사람들이 이런 쪽으로 손재주가 있나보다. 어렸을 때부터 젓가락질을 해서 손재주가 좋다는 기사를 본 적이 있는데 이게 정말 젓가락질 때문인가?

프레즐

미국의 음식은 우리나라에도 많이 있어 차이점이 없을 것 같았다. 그러나 실제로 음식을 접해보니 우리나라에 있는 미국 음식은 우리 입맛에 맞게 조금씩 변화를 시킨 것이었다. 미국 음식은 한국보다 특히 짠맛이 강하다. 우리나라 음식들이 맵고 짜다는데 매운 방식만 다르지 칠리 소스도 그렇고 소금도 그렇고, 짜고 자극이 강한 건 별반 다르지 않다. 아니, 그 이상인지도 모르겠다. 그걸 모르고 먹었다가 물만 계속 들이켰으니 말이다.

미국음식의 또 다른 특징은 양이 많다는 점이다. 하나를 시켜도 혼자 다 먹기 힘들 정도로 양이 엄청나다. 한번은 subway라는 샌드위치를 먹으러 갔는데, 바게트 빵 안에 갖가지 채소와 고기, 치즈 등이 많이 들어 있는 음식이었다. 한눈에 봐도 바게트가 커서 다 못 먹을 것 같아 민영 언니와 하나를 사서 반으로 나누어 먹을까 고민하다 두 가지 맛이 궁금해 결국 하나씩 시켰는데 맛은 있었지만 역시 다 먹기가 힘든 양이었다. 반을 잘라 서로 바꾸어 먹었는데 결국 남겨야 했고, 소화도 잘 안 되어 밤에는 고생(?)까지 했다.

내가 먹어본 음식 중에 가장 마음에 들었던 음식은 공항에서 먹었던 프레즐(프레첼이라고 부르기도 한다)이다. 프레즐도 짠맛이 강하긴 했지만 한국에 와서도 먹고 싶었던 음식 중 하나였다. 미국은 역사가 길지 않아 우리나라처럼 김치나 비빔밥 같은 전통있고 오래된 음식이 없는 것 같다. 그리고 양념을 쓰고, 손이 많이 가는 음식이라기보단 재료 그대로 먹거나 간단한 조리 방식이 대부분이다. 물론 음식마다 조금 다르기는 하겠지만 전반적으로 그렇다.

미국 사람들은 우리나라의 김치찌개처럼 여러 가지 재료들을 섞어서 먹는 음식을 이상하게 본다고 한다. 우리가 당연하게 여기는 것을 그 사람들은 이상하다고 본다는 것이 믿겨지진 않았지만 우리도 이해하지 못하는 그들의 문화도 있는 것처럼 그 나라 사람들도 우리 문화 이해를 못하는 건 어쩌면 당연한 일이다. 틀림이 아니라 다름의 차이를 인정하는 것, 이번 여행에서 얻은 것 중의 하나다.

안녕하세요. 한국에서 미국답사를 하러온 국지현입니다.

저는 UN에와서 가장 기억에남는것은. UN 평화유지군 이였었다,
습니

UN 평화유지군은 평화를 지키기위한 군 이라는 뜻을 가지는데.

군인이 평화를 지킨다는 것 자체가 신기하였습니다. 그리고 이군인들이

6·25 전쟁에 참전하여 우리나라를 지켰다는것이 매우.

고마웠고, 한편으로는 너무 미안했었다. 저도 커서. 다른
습니.

나라를 도와줄 수 있는 보물이 되고싶습니다.

제가 될 수 있을까요?

from. 국지현.

BEST ACTOR!
BILLY PORTER
2013 TONY AWARD
TOSHIBA
Hankook
Kodak
Kodak
SODA CAN

부당한 대우를 받는 발명가가 없도록

류지현 미래의 변리사

세계 여러 나라에서 가난한 발명가들이 돈 때문에 특허권을 발급 받지 못하여 부당한 대우를 받고 있다는 사실도 알게 되었다. 그때부터 나의 꿈은 이 세상의 모든 발명가들을 위한 국제 변리사가 되는 것이다.

타임스퀘어

CNN에서 신년 카운트다운할 때 늘 보여주던 곳. 밤이 아름다운, 너무 화려한 타임 스퀘어. 타임스퀘어의 밤거리는 낮과는 또 달랐다. 화려한 네온사인들이 정신없이 반짝였고 브로드웨이 공연장을 비롯해 대형 레스토랑과 상점들, 현수막들이 휘황찬란했다. 흑인과 백인, 아시안까지 여러 인종들이 뒤섞여 있었고 관광객과 관광객을 향한 호객행위를 하는 장사꾼들, 그 속에서 바쁘게 지나가는 뉴요커들이 한데 섞여 인파를 감당할 수 없을 정도다.

타임스퀘어는 '세계의 교차로'라는 별명을 갖고 있는데, 브로드웨이와 42nd St와 7th Ave.가 만드는 삼각형의 모양 때문이다. 수많은 영화와 드라마에서 나왔던 그곳에 내가 서 있다니! 대형 전광판들이 번쩍이는 곳 아래에 나 역시 불빛처럼 점이 되어 이 인파에 휩쓸리고 있으니 뉴욕에 왔다는 실감이 났다. 여기가 뉴욕이구나. 뉴욕에 여러 랜드마크들이 있지만 그 중에서도 나는 타임스퀘어를 추천한다. 무한도전에서 싸이와 함께 공연을 하기도 했었고, 뉴욕이야말로 세계의 수도이며, 타임스퀘어야말로 도심이라는 말에 가장 어울리는 곳.

말은 나면 제주도로 보내고 사람은 서울로 보내라는 말이, 더 큰 세계를 보고, 듣고 배우라는 뜻에 그 의미가 있다면 이를 실현할 수 있는 곳이 바로 뉴욕이고 그 중에서도 타임스퀘어가 아닐까? 이 거대하고 살아있는 것처럼 반짝이는 곳이라니! 화려하기 그지없는 이곳은 브로드웨이에서 공연을 하는 배우들마저 쇼 복장을 하고 나와 관광객들을 유혹한다. 그래서인지 더 비현실적이다. 이게 꿈인지 현실인지, 마치 드라마 속 세트장처럼 느껴진다.

미국식 자본주의의 상징과도 같은 타임스퀘어에는 글로벌 브랜드를 가진 회사와 그 상품들의 광고 전쟁터 같다. 백화점의 쇼윈도가 시즌마다 바뀌는 것처럼 금방 광고사들이 바뀌며 매년 최고액의 광고비를 갱신한다는 기사가 뜬다. 삼성 전자의 광고판 밑엔 현대자동차와 LG 광고가

번갈아 가며 자리를 빼앗는 곳. 이곳의 광고가 차지하는 비중을 짐작할 수 있을 것도 같다. 글로벌 브랜드라면 한번쯤 타임스퀘어 전광판에 브랜드 광고를 걸어야 하고 전 세계 유명 브랜드들의 다양한 쇼핑매장들이 있는 곳. 타임스퀘어는 바로 그런 곳이었다.

맨하튼으로 들어오는 대부분의 지하철 노선들이 다들 여기서 정차하는 것만으로도 아마 건물 반, 사람 반의 느낌을 전할 수 있을 것 같다. 타임스퀘어는 광장 자체로도 유명하지만 이곳을 상징하는 몇 가지가 더 있다. 그 첫 번째가 "Naked cowboy". 카우보이 모자를 쓰고 부츠를 신은 걸 빼면 알몸으로 기타를 메고 버스킹(거리에서 노래를 하거나 악기를 연주하는 행위를 일컫는 말)을 하는 사람이다. 타임스퀘어의 명물이자 방송에도 많이 나온 사람인데 겨울에도 알몸으로 이곳에서 노래를 한단다. 꼭 그 사람과 사진을 찍고 싶었는데 내가 갔을 땐 아직 날이 밝아서 그런지 그 사람은 보이지 않았고 대신 갖가지 분장을 한 사람들이 관광객들과 사진을 찍어주며 장난을 치고 있었다. 스파이더맨, 베트맨, 아이언맨 등등. 미국 영화를 상징하는 모든 맨들은 타임스퀘어로 총출동해 있었다.

삼십분 정도 이 메인 거리를 걸으며 모든 것이 넘쳐난다는 생각이 들었다. 지구를 지키는 모든 수호천사들이 총출동한 것처럼, 흘러넘치는 뉴욕의 표정은

생생하면서도 여느 대도시의 풍경과 다를 바 없어 어딘지 모르게 닮아빠진 것처럼 느껴지기도 했다. 온통 화려한 네온사인들은 질서없이 저마다 그 크기를 자랑하고 있다. 오히려 그 과잉된 것들이 뉴욕의 얼굴인가 싶었다. 피로에 찌들어 살기에 바쁘다고 여겼던 뉴요커들 대신 차도 밑으로 떠밀릴 만큼 관광 인파로 가득 찬 인도에서 거대한 사람들의 행렬의 물결에 몸을 싣고 나 역시 앞으로, 앞으로 흘러갔다. 커다란 명동 같다는 생각을 하면서 내 옆의 일본인들은 아마 일본의 명동 같은 곳을, 이 앞의 다른 백인도, 흑인도, 아마 모두들 그들 나라의 복잡한 그 쇼핑거리를 떠올렸겠지.

내가 본 것을 기억하라고 했다. 내가 무엇을 보고 무슨 생각을 떠올리는지 솔직하게 적으면 그게 바로 여행기라고, 낯선 공간에선 모든 게 다 매력적이라 겪은 대로만 적어도 모든 걸 보여주는 거라고 말이다. 그러나 도무지 타임스퀘어에선 생각이란 걸 할 수가 없었다. 머리 위에서 번쩍번쩍하는 것들을 앞에 두고 정신없이 굴러가는 눈동자와 쫑긋거리는 귀, 달리 무슨 생각을 할 수 있을까. 많은 사람들의 지적처럼 소매치기에게 얼뜨기처럼 당하지 않게 가방끈을 손에 꼭 쥐고 아무렇지 않은 척 표정관리를 하면서 걸었을 뿐이다.

내가 운이 좋아서인지 뉴욕의 치안이 좋아져서인지 타임스퀘어를 비롯한 뉴욕에서 소매치기도, 그 외 별다른 문제도 생기지 않았다. 하긴, 여기저기 경찰들이 서 있고 광고판 앞엔 높은 크랭크업으로 타임스퀘어를 내려다보는 경찰들도 있으니 당연한 일인지도 모르겠다.

인파에 밀려 이런저런 생각을 하다 눈 깜짝할 새에 5번가까지 걸어버렸다. 타이 식당과 브라질 식당, 유태인들을 위한 카페테리아와 금은방들이 있었고 헌책방인지 옛 잡지들을 묶어서 밖에 쌓아놓은 곳과 핫핑크색으로 반짝이는 간판도 보였다. 싸구려 햄버거집과 비디오 대여점, 각종 녹음기와 음향기기를 파는 가게 앞에 모여 담배를 피우는 주방장 복장을 한 아랍인들이 있는 골목을 보고, 나는 다시 왔던 길로 되돌아 걸었다. 옛 타임스퀘어의 모습이 아마 이런 느낌이었을까? 그러고 보면 이젠 괜찮다는 말에도 불구하고 나는 할렘 지역도 가보고 싶었지만 엄두를 내지 못했다. 아무리 미국의 치안이 괜찮다고 하지만 할렘 지역에 대한 선입견이란! 그래도 조심, 또 조심을 외치게 되는 건 어쩔 수 없다. 그러면서도 나는 도시 재정비가 되기 전 타임스퀘어의 모습도 보고 싶은 모순을 느낀다. 정작 이렇게 다시 돌아 나올 거면서 말이다. 익숙한 스타벅스의 로고를 보고서야 빠르게 걸었던 걸음걸이가 정상으로 돌아왔고 주변을 두리번거리며 마음 놓고 길거리를 구경할 수 있었다.

과거에 비해 단조롭게 정리되고 매력이 사라져 화려하기만 하다는 타임스퀘어에 대한 뉴요커의 의견은 아마 저마다의 상황에 맞게 해석될 것 같다. 화려함만으로도 충분히 눈이 매력적이면서도 결국 자본주의의 이면을 본 것만 같은 찝찝함 역시 함께 존재한다. 그래도 여행이란 것이 늘 완벽한 것을 보고 배우는 것만은 아니라는 걸. 이러한 생각을 하면서 음, 내가 제법 컸네! 어른스런 생각도 다 하고! 오히려 이런 생각들을 부모님이나 선생님께 말하곤 그렇게도 볼 수 있다니, 장한 걸? 하고 머리를 쓰다듬어 달라고 조르고 싶어지기도 한다.

뉴욕에 온 첫날, 자유의 여신상을 보았을 때 내 기억 속에 남은 건 자유의 여신상의 뒷모습이었다. 여느 포스터나 사진, 영상 등에서도 늘 앞모습만 봐서 몰랐던 자유의 여신상은 뒷발을 들고 마치 뛰어나갈 듯한 자세였다. 자유의 여신상은 차렷 자세로 있는 줄 알았는데 그 발바닥을 본 순간 느낀 충격이라니! 여행을 하면서 눈으로 확인하고 몸으로 부딪쳐 보아야 한다는 걸 느낀다. 타임스퀘어의 화려함의 뒷모습에도 발바닥이 있다는 걸 알게 되자 실망보다 오히려 마음이 홀가분해졌다. 세상에 완벽하고 그럴듯해 보이는 것들도 정말 완벽한 건 없다고 말이다.

메트로폴리탄

메트로폴리탄은 한국어로 된 박물관 안내도와 오디오 가이드 서비스가 지원되어 입장하고부터 마음이 좀 편했다. 사실 박물관의 유물들이나 미술품들의 종류가 어마어마한데 어떤 것이 어떤 이야기를 갖고 있는지, 무얼 말하려고 하는 건지 모르는 게 많았기 때문이다. 그렇다고 기왕 여기까지 왔는데 그저 대충 둘러보고 싶진 않았는데 한국어 서비스가 된다니 그렇게 반가울 수 없었다. 이미 로비에서부터 북적이는 사람들과 엄청난 규모에 놀랐던 터라 나는 박물관 안내도부터 꺼내들었다. 친절하게 관람 동선과 함께 전시실마다 유명한 작품들을 표시해놓아 오디오 가이드의 번호 순서대로 들어보기로 했다.

처음 오디오 가이드에서는 인사말과 함께 짤막한 박물관 소개가 있었는데 이 미술관이 미국 최대 규모의 미술관이며 거의 대부분의 소장품은 개인 수집가들이 기증한 것이라는 말과 함께 메트로폴리탄의 모든 설립과 운영이 국가나 정부 기관의 주도가 아니라 순수하게 민간 주도로 이루어졌다는 소개가 이어졌다. 이렇게 큰 미술관이 시민들의 뜻을 모아

만든 거라고? 2층의 테라스로 발길을 옮기며 들은 이야기에 나는 귀를 의심했다. 국가가 만든 것도, 특정한 인물의 것도 아니라 미국 시민들이 이 박물관의 주인이라니. 게다가 이렇게 귀중한 소장품들의 대부분이 기부로 모일 수 있다는 게 가능한 걸까? 눈으로 보면서도 믿어지지 않았다. 유럽에 비해 박물관이나 미술관의 역사가 짧지만 세계 4대 미술관이 될 수 있었던 건 이런 시민들의 노력들이 모아져서 이뤄낸 결과가 아닐까 생각했다. 나는 메트로폴리탄의 소개를 들으면서부터 이미 마음을 빼앗긴 채로 여기저기를 구경하기 시작했다.

박물관 내부엔 수많은 전시관들이 존재하였는데 나라별로 구성된 전시관들이 흥미로웠다. 로마와 그리스, 유럽과 미국관을 시작으로 이슬람 국가와 아프리카, 오세아니아, 인도, 아시아까지…. 나는 아시아 미술을 전시해놓은 곳부터 먼저 둘러보기로 작정했다. 중국관의 입구는 다른 전시실보다 한창 높은 천장이 인상적이었는데 그 높고 긴 벽을 가득 메우는 벽화와 커다란 불상이 나를 압도하는 느낌이 들었다. 분명 중국관을 보다 보면 한국관이 있다고 지도에 나와 있었는데 길게 뻗은 중국관을 왔다갔다 해도 한국관을 찾기가 힘들었다. 그래서 안내하는 사람에게 물어보니 중국관 입구에서 바로 오른쪽에 있는 작은 입구로 들어가면 된다고 했다.

중국관 사이에 끼여있는 한국관. 막상 한국관에 들어 가보니 실망스러웠다. 크기가 큰 유물들로 눈길을 확 잡아끄는 중국관이나 어두운 조명과 일본풍 분위기를 확실하게 보여주는 일본관과 달리, 한국관은 그저 밋밋한 하얀 벽면에 유물 몇 개가 고작이었다. 고려청자나 조선백자들이 그저 덩그러니 놓여 있었고 항아리 몇 개와 신라시대 귀걸이 네 점, 용마루 하나, 피리 하나가 전부였다. 물론 다들 한국적인 유물들이었고 좋은 전시품들이었지만 안타깝다는 생각이 든 건 바로 뒤 일본관 때문이었던 것 같다. 일본관은 주위를 모두 일본풍으로 꾸며놓아 일본관 자체가 일본을 설명해주고 일본의 분위기를 확실하게 말해주는 느낌이었다. 들어가자마자 있는 다다미부터 그랬다. 사실 전시물이라고 해봐야 의복들과 펼쳐놓은 병풍들, 작은 족자들을 제외하면 전시품 자체가 많은 것도 아닌데 왜 이런 기분이 들었던 걸까. 어둑어둑한 전시관에서 조명을 받아 붉게 빛나는 기모노나 병풍의 그림들 앞에서 고개를 끄덕이며 사진을 찍는 서양인들이 너무 많아서였을까? 나중에 나오고 보니 중국식 정원과 일본식 정원을 재현해놓은 공간도 있었는데 한국식 정원은 없어서 더 실망감이 든 걸까? 사실 미국에서 한국관이 있다는 사실만으로도 기뻐해야 할지도 모르는 일이지만 기왕 만들 생각이었다면 좀 더 정성을 들여 전시했으면 어떨까, 하는 생각이 들어서 기분이 내내 찜찜했다.

내가 보기엔 중국관이나 일본관의 유물들이 딱히 더 뛰어나서 사람들이 많이 보는 것도 아닌 것 같았기 때문이다. 단순히 유물만 갖다 놓고 한 귀퉁이에 자리를 차지하는 것이 아니라 한국관은 미국에서 '한국'을 알리는, '한국의 분위기'를 말해줄 수 있는 공간인데 그걸 못 살린 게 아쉬웠다. 차분하고 깔끔하면서도 깊이를 느낄 수 있게 해놓으면 얼마나 좋았을까. 전시품이 많지 않아도 한국적인 분위기를 느낄 수 있게 신경쓸 순 없었을까?

예를 들어 청자 참외병 화병은 모총은 참외로, 주둥이는 나팔꽃을 닮은 고려청잔데 얇은 부분까지 찌그러지지 않고 아름답게 만들어진 것에 대한 설명과 함께 청자가 만들어지는 과정을 소개하는 영상이라도 있었다면…. 그냥 그림족자를 걸어놓거나 붓, 벼루, 연적 이렇게 놓아두는 것이 아니라 김홍도의 〈서당〉이라는 그림과 같이 걸었다면? 당시의 학교에 해당했던 서당에서 공부를 하다 생긴 일을 그린 그림인 만큼 문방사우를 좀 더 잘 이해할 수 있지 않을까? 이처럼 우리나라에는 세계에 한국이라는 나라를 널리 알릴 수 있는 유물이 많은데 재치있게 한 번에 설명해줄 수 있도록 전시해놓을 수 있는 방법을 미처 생각하지 못한 게 아쉬웠다. 그리고 우리나라도 더욱 기부를 늘려 한국관을 한국의 미를 살린 전시실로 꾸미게 된다면 유물들이 더욱 돋보일 수 있을 것 같단 생각을 했다.

메트로폴리탄 박물관에서 개인적으로 가장 감명 깊었던 유물은 이집트 신관에 있었던 신전이었다. 고대 이집트로 시간 여행을 떠난 것처럼 많은 유물들이 전시되어 있었는데 이집트관을 돌아다니다보면 어느 순간 확 트인 공간이 나온다. 유리창 너머로 햇빛이 들어오고 센트럴파크가 보이며 신전을 둘러싼 인공연못이 있는 곳이다. 이 신관은 이집트 덴버 신전을 통째로 옮겨 놓은 것인데, 이 유물이 실재 존재했던 이집트 강변 배경을 재현하기 위해 연못을 만들어 놓은 것이다. 바쁘게 돌아다

니다 휴식처럼 만난 공간에 앉아 신전을 보자 이런저런 생각이 들었다. 36,000개가 넘는 방대한 양의 고대 이집트 전시물 컬렉션이 메트로폴리탄의 자랑이라는 이야기는 가이드북에서부터 보긴 했지만 이집트 내의 박물관을 제외하고 세계 최대 규모의 고대 이집트 유물들이 있는 곳이 미국이라니. 이집트까지 가지 않아도 이렇게 이집트의 유물들을 볼 수 있는 건 대단한 일이다. 미이라와 마스크들, 화려한 유산과 상형문자들, 각종 장신구를 비롯한 모든 것들이 이곳에 있는 것이 신기하고 좋았지만 한편으론 이렇게 많은 것들이 미국에 있어도 되는 걸까 하는 생각이 들었다. 문화재란 것이 그 나라의 역사를 보여주는 집합체인데 꼭 미국이 아니더라도 이렇게 다른 나라에 퍼져 있는 것이, 게다가 이렇게 많은 양이 나와 있는 것에 대해서 말이다. 다른 나라로 흩어진 문화재들의 감동이 정말 온전하게 관람객들에게 전해지긴 하는 걸까? 영국이나 프랑스를 비롯한 다른 박물관에도 항상 이집트 전시관은 크고 유물도 많았는데 대체 얼마나 많은 이집트 유물들이 전 세계에 흘러나간 걸까. 나는 갑자기 덴버 신전이 향수병 걸린 슬픈 사람으로 보였다.

첼시와 하이라인파크

잠 못 드는 새벽. 축구를 좋아하는 남자들이라면 모두 그렇겠지만 '첼시'

하면 나에겐 미국보다 영국이 먼저 떠오른다. 특히나 뉴욕의 지명들은 영국을 비롯해 독일, 네덜란드 등의 이름을 따와 독특한 느낌이 드는 것이 사실이다. 이민자들의 도시이며 여러 인종들이 살아가는 곳이라는 걸 구역마다 내뿜고 있는 건지도 모르겠다. 크고 작은 갤러리들과 빈티지 샵들을 구경하는 재미가 있다고 들었는데 막상 가니 첼시 마켓에서 헤어 나오질 못해 갤러리들은 제대로 구경도 못해보고 나와야 했던 첼시!

황량한 공장지대였다는 과거 첼시라곤 상상도 못할 정도로 현재의 첼시는 세련된 카페와 음식점, 멋진 갤러리들, 화려하고 독특한 옷과 소품들을 파는 문화의 중심지이다. 미국의 과자 공장들이 대부분 이곳에서 시작했다고 한다. 내가 좋아하는 오레오를 비롯한 과자 공장들이 빠져나간 자리에서 과거의 흔적들을 발견할 수 있는 곳이 바로 첼시 마켓이다. 버려진 공장 자리에 식료품을 파는 가게와 음식들을 사먹을 수 있는 푸드 채널들이 들어섰다고 했는데 이게 웬걸. 문을 열고 들어가니 칙칙하고 낡은 빨간 벽돌 건물은 오히려 따뜻하고 정감 가는 건물로 바뀐 기분이 들었다. 게다가 고소한 빵 냄새와 함께 맛있는 음식 냄새가 풍겨져 나오는 골목. 마치 짧은 터널을 통과해 들어간 것처럼 머리 위론 성글게 짜인 조명이 일렬로 늘어서 있었고, 걷다보면 정말 터널 구간처럼 아치로 만들어진 곳을 지나게 되어 있다. 천장엔 투박하게 골조들이 눈에 보이고 어디선가 폭포수가 떨어지는 소리가 들렸다. 자, 그럼 이제부터 동굴로 떠나는 먹거리 탐험의 시작인가!

이미 가이드 해주시는 분께 들어 점심을 조금만 먹은 상태였다. 어디, 첼시 마켓 안의 맛있는 것들은 내가 다 맛봐주겠어! 일단 이야기를 들었던 대로 나는 랍스터를 찾기 위해 빠르게 걸음을 옮겼다. 대체 어디에 있는 거야! 단돈 이십 달러에 랍스터를 먹을 수 있다는 곳이! 첼시마켓의 입구엔 디자인용품이나 서적을 파는 곳과 잼과 향신료를 파는 곳, 주방용품이나 생활용품을 파는 곳이 주를 이뤘고 중반이 지나갈 때부터 다양한 델리를 파는 곳이 나오기 시작했는데 출구 쪽에 랍스터를 파는 곳이 보였다. 여기구나! 꼭 노량진 수산시장처럼 랍스터들이 즐비해 있었다. 내가 손가락으로 하나를 가리키자 점원이 무게를 달아보곤 바로 뒤에서 쪄주었다. 이십 달러가 조금 넘는 가격이었는데 랍스터와 함께 스프도 나왔다. 이건 뭐냐고 묻자 랍스터 스프라고 같이 먹으란다. 랍스터 스프라니. 이거 완전 초호화 코스랑 다르질 않네! 친구와 둘이 랍스터를 먹으며 괜히 엄마 생각이 났다. 우리 엄마도 랍스터 좋아하는데, 비싸다며 일 년에 몇 번 드시지도 못하는데…. 확실히 서양인들도 많았지만 다른 델리 가게에 비해 랍스터를 먹을 수 있는 곳에 유독 아시아인들이 많았다. 우리를 비롯해 일본인과 중국인들이 바글바글해 앉을 곳이 없어 우리 역시 스탠딩 테이블에 서서 먹어야 했다. 아시아에선 랍스터가 귀한 식재료 중 하나인데 미국은 많이 잡혀서 이렇게 싼 걸까? 보스턴에서도 랍스

LUCKY TOMATO
SPECIAL
SOUTH CAROLINA PEACH
.99¢ LB
CRENSHAW MELONS
$4.40 EA
MANGO NECTARINE
RED CHERRIES
$6.99
WHITE CHERRIES
$7.99
BIG SMILE

터 요리가 유명하다더니.

마파람에 게 눈 감추듯 잽싸게 먹어치우고 고개를 두리번거렸다. 여자 애들은 컵케이크를 파는 곳과 치즈 케이크를 파는 곳에서 시선을 떼지 못

했다. 나는 그곳을 유유히 지나 젖소 그림이 그려진 곳에서 멈췄다. 무슨 우유길래 계산대에 저렇게 사람이 많은 거지? 나는 가게에 들어가 다짜고짜 어떤 게 유명한 거냐고 물었다. famous one? 내 질문에 점원은 다 유명하다고 말하더니 웃으며 초코 우유가 진하고 맛있다며 추천해주었다. 내가 어려 보여 그렇게 대답한 건 아니겠지? 나는 긴가민가했지만 줄을 선 사람들 손에 들린 초코 우유를 보고 그를 믿기로 했다. 유기농 우유를 한국에서도 먹어본 것 같은데 맛이 조금 달랐다. 확실히 초코맛도 진했고 고소하면서도 너무 달지도 않고 부드러우면서 조화로웠달까? 으! 이럴 땐 초밥왕 같은 만화책에서 초밥을 먹었을 때 바다의 맛이 느껴진다느니 문어가 살아 숨쉰다느니 하는 묘사를 나도 하고 싶다. 이 맛을 설명하는 단어가 "맛있어! 완전 대박! 진짜 짱!" 이 정도의 감탄사뿐이라니.

허름한 낡은 공장모양의 첼시 마켓은 어쩐지 재래식 먹거리 시장과 닮

아 있었다. 우리나라에선 재래시장이 죽어간다고 난린데 이렇게 즐겁고 맛있는 시장이라면 매일매일 오고 싶을 것 같다. 서울에 돌아가면 시장에서 이렇게 뷔페처럼 먹어 봐야지. 시장표 통닭도 먹고 떡볶이와 순대에 떡도 좀 사먹고 또 뭐가 있지? 디저트는 식혜? 역시 먹는 건 상상만 해도 즐거운 일이다.

부른 배를 안고 첼시 마켓의 뒤편으로 나오자 공원으로 연결되는 길이 보였다. 화살표를 따라 계단을 올라가니 공중 정원이 보였는데, 바로 이 정원이 하이라인파크였다. 먹고 마시고 산책하고! 완벽한 코스였다.

미국을 답사하면서 우리는 수많은 빌딩들이 숲을 이룬 도심 사이에서 소중한 공원들을 만났다. 많은 사람들이 자연 속에서 자유로워지고 여유를 가지게 되는 공원 중 하나가 센트럴파크였다. 나는 센트럴파크를 보면서 도시의 여유롭지 않은 삶에 찌들려 살고 있는 사람들을 위해 센트럴파크는 둘도 없이 소중한 공원이라고 생각했다.

그리고 하이라인파크는 센트럴파크와는 조금 다른 느낌을 받게 되었는데, 센트럴파크는 도심에서 벗어나 만나는 거대한 숲의 느낌이라면 하이라인파크는 도심을 가로지르는 공원이어서 도시 자체가 곧 경치였다. 그래서인지 나는 하이라인파크가 더 인상 깊었다. 왜냐하면 도심 속의 공원은 많은 사람들이 생각할 수 있는 공원이지만 도시를 가로지른 철도를 공원으로 바꾼다는 발상은 아주 기발하였기 때문이다.

우리가 간 하이라인파크는 공원을 많이 가보지 못한 나에게는 또 다른 감동이었다. 하이라인파크는 옛날에는 미국의 한 기차역에 불과했는데, 시간이 지나면서 기차역은 실용성이 없어 운행을 중단한 후 방치되었다. 그러나 몇 년 후 많은 디자이너들을 불러 기차역을 다른 용도를 사용할 수 있는 방법을 고안하였고 디자이너들은 고심 끝에 이 기차역을 공원으로 바꿔 시민들을 위해 활용하자고 제안하였다. 시민들의 동의를 얻고 난 후에 이 낡은 기차역은 공원으로 단장되었다. 하인라인파크에서 가장 놀라운 것은 바로 하인라인파크에는 미국에 있는 모든 나무 종들을 한 그루 씩 심었다는 사실이다. 누구였을까? 공원에 모든 나무 종을 심자는 신선한 발상을 했던 사람은?

철도를 공원으로 바꾼 것에 대해 나는 미국의 디자이너들이 철도를 다른 나라처럼 박물관이나 미술관처럼 식상한 방법으로 개발하지 않고 새롭고 참신한 아이디어인 공원으로 바꾼 것이 인상깊었다. 우리나라에도 이처럼 충분히 활용할 수 있지만 방치되어 있는 문화재나 건축물 같은 것들이 많은데, 미국처럼 적극

적인 방법을 취해야 하지 않을까. 예를 들어 우리나라에도 폐쇄된 철도들이 전국에 널려있는데, 이를 잘 활용하면 시민들에게도 도움이 될 것 같고, 중요한 관광지가 될 것이 아닌가. 꼭 같은 방식일 필요는 없지만 상상력을 발휘해 멋지게 탈바꿈할 수 있는 방법을 찾을 수 있으면 좋겠다.

애플 매장

등굣길, 버스를 타면 앉아 있는 사람은 물론 서 있는 사람까지 모두 스마트폰에 몰두해 있다. 스마트폰이 없는 사람은 시대에 동떨어진 사람이라고 할 만큼 스마트폰은 이제 필수품이자 전 세계 사람들에게 애용되는 물건이다. 미국 답사를 하던 중, 처음으로 스마트폰을 만든 애플 스토어에 들렀다. 사실 애플 스토어를 가자고 해서 간 것이 아니라 원래 가려고 했던 곳은 플라자 호텔이었다. 자유롭게 5번가 거리와 플라자 호텔을 보고 올 예정이었는데 애플 스토어를 보자마자 이미 나는 그곳으로 걸어들어가고 있었다. 세계 최대 장난감 백화점인 '파오 슈워츠'를 스쳐지나 애플 매장으로 내가 끌리듯 간 것만 해도 이제 장난감의 기능까지 스마트폰이 해주는 건 아닐까, 하고 생각하면서 말이다.

뉴욕 내에서도 소호를 비롯해 여러 곳에 애플 매장이 있었는데 특히 내가 본 애플 스토어는 새롭게 지은 건물이었다. 첫인상부터 내가 생각

하던 애플의 이미지와 똑같았다. 심플! 새롭게 지은 애플 건물의 유리는 큼지막하게 모두 연결되어 있어 마치 통유리들이 모두 연결되어 투명한 하나의 크리스탈 관처럼 보였다. 알고 보니 5번가의 이 애플 매장은 스티브 잡스가 제일 아끼는 매장이자 애플의 상징성을 그대로 보여주기 위해 건축되었다고 한다. 원래는 백 개가 넘는 작은 유리창으로 만들어진 외관을 몇 십억을 들여 크기가 큰 통유리로 바꾸라고 지시한 매장이라고 한다. 해서 지금의 고작 스무 개가 채 안 되는 개수로 직사각형 모양의 간결하면서도 아름다운 매장이 되었다. 이처럼 창문의 개수를 줄여 건물을 심플하게 만든 것은 애플의 스마트폰이 선보이는 이미지인 '심플'과 연결되는 것 같아 애플의 디자인에 대한 확고한 아이덴티티와 자부심이 엿보인다.

실제로 뉴욕을 방문하면 꼭 들려야 하는 곳들이 있는데 엠파이어 스테이트 빌딩, 센트럴파크, 락펠러 선터, 타임스퀘어, 자유의 여신상, 세계무역센터가 바로 그것이다. 이들 여러 랜드마크들 중에 5번가의 애플 스토어도 꼭 명단에 이름을 올린다고 한다. 얼마 전 코넬 대학에서 슈퍼 컴퓨터를 돌려 flickr.com에 올라온 사진들을 모두 분석한 결과, 5번가의 애플 매장이 뉴욕에서 다섯 번째로 사진이 많이 찍힌 장소라는 기사가 말해주듯 단순히 물건을 파는 곳이라기보다 브랜드 그 자체처럼 느껴지는 곳이며 미국의 미래 지향점까지 보여주는 곳이다.

5번가의 매장은 투명한 정육면체의 유리 상자처럼 보이는데 엘리베이터나 계단을 이용해 지하로 가야 매장이 보인다. 유리 계단 역시 애플 매장의 특징 중 하나인데 마술적인 공간에 들어가는 것처럼 투명하게 공간이 보이는 곳으로 한 발자국씩 내딛었다. 미래 도시의 분위기를 풍기는 이 입구! 늘씬하고 매끈한 유리 계단과 유리 바닥, 환한 조명과 실내의 분위기는 애플의 제품들이 주는 느낌과도 꼭 같다. 1층 매장에 비해 사람들의 발길이 드문 지하매장의 입구를 이렇게 지은 것도 놀라웠지만 지하를 가득 메우고 있는 사람들을 보자 더욱 놀라웠다.

실제로 이 매장은 제품을 파는 곳이기도 하지만 애플 제품의 전시관 같은 역할을 하기도 한다. 관광객도 있고 아마 지나가다 인터넷으로 무언가를 찾아야 하는 뉴요커가 들어와 애플 제품을 이용해도 아무도 눈치를 주는 사람은 없었다. 나 역시 와이파이를 잡아 카톡을 사용하기도 하고 아이폰부터 시작해 맥북과 아이맥을 번갈아가며 사용해보았다. 여기가 천국인가? 우리나라에선 너무나 친절한 직원들 때문에 기계가 새로 나오면 만져보고 사용해보고 싶고 궁금해서 달려가고 싶다가도 어느새 "이건 어떻고, 저건 어떻고, 이 기능은, 저 기능은, 이건 얼마에 살 수 있고…" 정작 기계는 제대로 만져보지도 못하고 올 때가 많았는데 자유로운 분위기라 그게 좋았다.

파란 티셔츠를 입고 사기 전에 먼저 체험해봐야 한다면서 사람들과 이야길 나누고 있는 직원들. 전 세계의 인종이 모여 있는 매장 안에서 사람들이 손에 든 제품의 뒷면에는 한 입 베어 문 사과 로고가 유난히 반짝이고 있었다. 모두 다른 옷차림에 머리색, 피부색도 달랐지만 다 같은 애플 제품이라니. 애플의 힘을 엿본 기분이었다. 그리고 이곳에 있는 애플 제품이 모두 하나의 기계라기보다 세련된 패션 아이템처럼 느껴졌다면 기분 탓일까? 이젠 내가 무엇을 사고 어떤 제품을 소지하고 있느냐에 따라 '나'를 타인에게 각인시키는 상품이 된다는 말이 실감 났다.

나는 내 핸드폰을 꺼내 매장 사진을 찍었다. 애플이 아니라 삼성 로고가 박힌 핸드폰으로 말이다. 최근 애플이 삼성과 특허 소송을 벌인 것에 대해 학교에서도 친구들과 이야길 많이 했다. 한국과 일본에선 삼성이 승리했지만 미국에선 패소를 했다는 소식을 듣고, 친구들과 소송 내용에 대해 좀 황당해 했던 기억이 있다. 뉴스에선 삼성의 핸드폰 귀퉁이가 둥근 것이 애플의 핸드폰과 비슷하다고 자신들의 디자인을 베낀 것이라 디자인 특허 소송을 냈다고 했다. 처음엔 뭐야, 겨우 그것 때문에 소송을 걸었단 말이야? 라며 다들 어이없어 했다. 귀퉁이가 둥글다고 특허 침해라니? 억지처럼 느껴졌다. 그러나 이곳에 와서 생각해보니 스마트폰 산업이 세계적인 경쟁이기도 하고 사소한 디자인 하나에도 예민해질 수밖에 없는 문제라는 생각이 들었다. 카메라 화질 같은 기술적인 부분이야 다 엇비슷할 정도로 좋아졌다. 디지털 카메라를 들고 다니지 않아도 될 정도이고 아이들은 이제 닌텐도 게임기는 사달라고 하지 않을 정도로 간단한 게임들은 모두 핸드폰으로 할 정도니까. 스펙을 중요시하는 사람들도 있겠지만 이젠 뭐가 더 예쁜지, 그 제품이 가진 이미지를 소비하는 시대이고 작은 디자인 하나가 그 브랜드의 아이덴티티를 결정한다는 사실도 알 것 같았다.

핸드폰 사업에 많은 기업들이 경쟁에서 밀려나간 걸 생각해보면 고객들이 원하는 것들은 따로 있는 것 같다. 게다가 애플의 광고를 생각해보면 왜 이렇게 5번가의 작고 좁은 애플 매장에 들어가기 위해 줄을 서서 사람들이 오르락내리락하는지, 그 매력이 무엇인지 단적으로 보여준다. 내가 최근에 본 애플의 광고는 스타를 내세우기보다 일반인들이 핸드폰을 사용하는 일상적인 모습을 찍은 광고였다. 노래를 듣고, 통화를 하고, 자주 쓰는 어플로 마치 일기를 쓰고 대화를 나누는, 일상을 사소한 행복으로 채워주는 것이 바로 애플이라는 느낌이었는데 다른 회사들의 광고보다 더욱 설득력 있게 와 닿았다.

우주항공박물관

부산에 놀러간 적이 있었다. 세계에서 제일 큰 백화점이라는 센텀시티와 그 주변의 벡스코, 위로 뻗은 높은 주상복합건물들…. 그곳은 마치 미래도시처럼 보였다. 특히 밤이면 어두운 건물에서 반짝이는 불빛과 벡스코의 지붕 위로 물결처럼 흐르는 조명, 대교를 빠르게 지나는 자동차의 불빛까지. 아마 가까운 미래의 도시는 이런 모양이지 않을까 생각했다. 더

EXIT
MOON ROCK

344
N18124
THE GREAT SILVER FLEET
EASTERN AIR LINES
21
EASTERN AIR TRANSPORT Inc.
U.S. MAIL No. 19
PITCAIRN
PA-5 MAILWING
1927

면 미래엔? 글쎄. 한 시대가 변하는 걸 예상하기란 쉽지 않은 것 같다. 나는 종종 미래 시대를 상상해보곤 하는데 구체적으로 어떤 것들을 떠올리진 못한다. 농업 사회에서 농경 기구들이 발달하는 건 상상이 되지만 그 다음 산업 사회를 생각해내는 건 쉽지 않은 것처럼 말이다. 지금도 KTX처럼 빨라진 기차를 상상하는 건 쉽지만 우주를 달리는 은하철도 999를 개발하겠단 생각은 아무도 안 하는 것처럼. 하지만 아마 누군가는 은하철도를 꿈꾸고 그걸 실현하는 날이 올 것이라 믿는다. 새들만이 나는 것이라 믿었던 시대에 누군가는 상공을 날고 싶다는 꿈을 키우고 결국 비행기를 만들어낸 것처럼. 스미소니언 박물관 중 우주 항공 박물관은 말하자면 꿈을 실현해나가는 공간이었다. 지금도 진행중인 최신 꿈 실현 공방 같은!

우주 항공 박물관은 시대별로 관람관이 나누어져 있는데 처음 항공기가 만들어졌을 때부터 차례로 전시되어 있다. 하루에 두 번, 하이라이트 투어를 진행하는데 운 좋게 시간이 맞아 박물관 안의 가이드를 따라 함께 전시실을 돌 수 있었다. 물론 그 중에 반은 알아듣고 반은 못 알아들어 주변에 물어봐야 했지만.

그 중 내 시선이 꽂혔던 것은 바로 Civilian aviation 코너였다. 1920~30년대에 항공기의 개척자들을 전시해놓은 코너였다. 상상력, 문화, 기술, 사업 등 모든 장벽을 뛰어 넘어섰다는 설명이 얼마나 멋있던지.

그들의 실험들로 인해 비행기는 점점 더 다양하게 디자인되었고 특별해진 것이다. 처음엔 산업기술의 의미보단 익스트림 스포츠 중 하나로 분류되었던 항공학이 점차 운송 수단으로서 발전되고 전쟁 중에는 대활약을 하면서 정부의 주력 산업으로 급격하게 기술이 발전하게 되었다. 이 과정에서 내 관심을 끌었던 건 바로 항공과 관련된 저작권이었다.

1903년 12월 17일, 노스케롤라이나 키티호크에서 라이트 형제가 세계 최초로 동력 비행기를 만들어서 하늘에 띄운 이후로 고작 12초 동안 36미터를 날아간 것에 불과했지만 그건 새로운 시대를 연 실험이었다. 초등학교 때 과학 실험을 하기 위해 간단한 키트를 조립해 손가락만한 작은 모터를 다는 것도 그것보단 오래 날 수 있었지만 그 당시엔 아무 것도 없었단 걸 생각해보면 그야말로 맨땅에 헤딩이었을 것이다. 라이트 형제의 두 번째 비행은 59초, 그리고 1904년엔 드디어 45분 정도 비행하게 되었고 상하좌우로 움직이는 것도 가능해졌다. 하지만 그때까지 그들의 플라이어 비행기에 투자하는 사람들은 아무도 없었다. 미 정부와 군대 역시 날기는 하지만 약해 보이고 위험천만해 보이는 물건에 관심을 두지 않았다. 그러자 라이트 형제는 유럽을 순회하며 자신들이 비행 모습을 보여주며 투자를 유도했다. 미국보다 유럽 사람들이 비행기에 훨씬 관심을 많이 보였고 라이트 형제의 플라이어를 따라 만들기도 했지만 쉽지 않았다. 라이트 형제는 자신들의 항공기 제조 기술을 꽁꽁 숨겼다고 한다. 라이트 형제가 이런 관심들을 등에 업고 회사를 설립한 후 미 국방부와 계약을 따낼 즈음엔 다른 비행기 제작자들 역시 비행에 성공할 때였다. 라이트 형제는 자신들의 비행기계에 대한 특허 821393호를 가지고 특허권 침해 소송전을 벌이기 시작한다. 당시 이런 소송이 지금보다 훨씬 덜한 시절임에도 미국에서만 12건의 특허침해 소송을 벌인 걸 보면 지금의 애플 소송의 전초전 같다고 할까.

새로운 시대가 열린다는 건 어쩌면 그 전 시대부터 그 시대를 꿈꿨던 자들이 열어가는 것일 거다. 그리고 그들이 그 꿈을 실현하면 그때부터 그 시대가 열리기 시작한다. 우주 항공 시대를 처음 연 것 역시 항공이 만들어진 게 시초이고 이러한 기술들은 특허권으로 보호 받아야 마땅하다. 게다가 처음 무언가를 발명해낸다는 것이 얼마나 대단한 일인가. 우주 항공 박물관엔 이러한 기술에 대한 존중과 자부심이 가득했다. 단지 비행기와 우주선, 관련 물품들이 전시된 것이 아니라 이 기술들이 어떻게 발전되어 왔는가, 어디에 무슨 기술이 쓰이는가에 대해서도 자세하게 알 수 있었는데 그 중 하나가 항해 기술에 관련된 전시였다. 특히 크로노미터의 발전을 한 눈에 볼 수 있었다. 크로노미터는 천문, 항해에 사용하는 정밀한 경도측정용 시계인데 이 기술이 항공 산업에도 크게 영향을 미쳤다. 작은 기술들이 모여 우주 항공 산업에 합쳐졌다고 생각하니 작은 기술 하나하나가 얼마나 소중한지, 각기 자리에서 톱니바퀴처럼 맞물려 미래로 굴러가는 것이리라. 미국이 왜 저작권, 특허권에 저렇게 예민하게 굴까? 하는 생각도 들었지만 기술이 집대성된 박물관에 직접 서 보니 기술과 관련된 내용을 법으로, 경제적으로 보호해주는 것이 꼭 필요하단 생각이 들었다. 특허는 그에 맞는 보상이자 새로운 개발을 부르는 힘이 아닐까?

'Space ship One'이라는 이름의 우주선은 민간 기업이 만든 유인 우주 비행선이라고 한다. 우주선을 만들 때엔 고도의 기술과 많은 돈이 필요해 국가적인 노력이 있어야만 가능한 상황에서 피터 다이어맨디스의 제안으로 민간 우주선이 만들어진 것이다. 그는 인간을 태우고 고도 100km 이상의 우주 공간에 최초로 도달하고, 14일 안에 똑같은 우주 비행을 성공하게 되면, 그 우주선 제조자에게 1000만 달러의 상금을 지급한다고 하며 'X 프라이즈'를 창설했다. 수많은 사람들이 도전을 하고 그 중 버트 루탄이 독창적 아이디어로 'X 프라이즈'를 수상했다는데, 대기권 재돌입 시에 꼬리 날개를 65도로 세우면 이전보다 효율이 좋은 에어 브레이크가 만들어져, 감속을 도와 마찰열의 발생을 줄여준다는 사실을 알아냈다고 한다. 역시! 보상이 있어야 그만큼 열심히 하는 게 맞다니까! 그걸 아시는 우리 부모님도 매번 시험에서 몇 점 이상 맞으면 갖고 싶은 걸 하나 사주신다고 나를 솔솔 꿰어내신다. 전 세계적으로 사람은 다 똑같구나 싶어 괜히 헛웃음이 나온다. 그래도 우주선을 발명할 정도면 나랑 비교하긴 좀 어마어마하지만 말이다.

우주항공 박물관에는 평소에 많이 볼 수 있는 비행기도 있었지만 우주선에 사용되는 로켓을 이루는 부품들이 많이 있었다. 그 부품들은 내가 평생 동안 보지 못했던 부품들도 있었다. 그만큼 나에게는 매우 생소한 부품들이었다. 특히나 혹성 탐사를 위해 쏘아 올린 보이저 1호, 2호를 비롯해 스카이랩 오르비탈 워크숍이라는 우주 연구실을 볼 수도 있었는데 장기간 지구 궤도 위를 돌며 우주 비행에 필요한 자료를 수집하는, 내부는 좁지만 초정밀 기기들로 꽉 차 있었다. 그 안엔 사람 모형이 있는데 모형마저 워낙 정교해 실제 앉아서 연구를 하는 사람들인 줄 착각했다. 자연사 박물관엔 실제로 화석 연구를 하고 있는 실험실을 통유리로 해놓아 볼 수 있었는데 그걸 보고 온 다음이어서 헷갈린 거라고 했지만 이미 놀란 표정을 본 친구들의 놀림감이 되어버린 후였다. 기체 제어를 하기 위해 필요한 부품들이나 여러 곳에 장착된 센서의 감지 정보를 확인할 수 있는 제어 장치, 하이테크 실험기를 보고 기체와 동일한 소재를 직접 확인할 수도 있었다. 신소재인 섬유 강화 플라스틱이라는데 앞으로 이것이 비행 기술의 전망과도 관계가 있다고 했다. 미래에 이 부품들이 지금 자동차를 타고 가듯 인류에게는 생활의 한 부분이 될 것이다.

비록 지금은 훈련 받은 몇몇 사람들만이 로켓을 타고 우주로 나갈 수 있지만 기술이 계속 발전해 나가면 나중엔 우주선이 대중교통처럼 사용될 날도 있지 않을까? 운전면허 시험을 보듯 우주 비행 시험을 보고, 비행기 공항에서처럼 우주 공항에서 우주선이 운행되고 〈우주전쟁〉처럼 우주에 제2의 수도가 생길지도 모르겠다. 이미 우리 부모님이 상상하고 꿈꿨던 것들이 실현된 곳에 내가 와있으니 내 자식과 함께 다시 이곳에 오면 얼마나 많은 것들이 변해 있을까? 부푼 기대감과 설렘에 다시금 눈이 반짝였다. 비행기 마니아도 아니었건만 공중에 매달린 우주선들과 비행기들을 보며 이곳이 박물관이 아니라 과학기술의 신전처럼 느껴졌다면 너무 오버한 건가.

MIT 그린빌딩

MIT

요즘 텔레비전 CF 중에 이런 게 있다. 예전에는 과학자가 꿈인 아이들이 많았는데 요즘엔 연예인을 꿈꾸는 아이들이 많다며 그 아이들에게 꿈을 되찾아주자는 내용이었다. 물론 모두가 과학자가 꿈일 필요는 없지만 확실히 옛날에 비해서 아이들의 꿈이 달라지긴 했나보다. 이 광고를 보면서 아버지는 공감을 많이 했는지 밥을 먹는 도중 내게 꿈이 무어냐고 물어봤다.

사실 매년 학기초에 진로 조사를 할 때마다 고민이 들곤 했다. 꿈? 아버지는 어렸을 적엔 대통령이 꿈이기도 했고 의사가 꿈이기도 했다가 과학자가 꿈이기도 했고 어느 날엔 선생님이 꿈이기도 했다고 했다. 나 역시 꿈이 많이 바뀌긴 했지만 이제는 그 꿈을 이루기가 쉽지 않아서 쉽사리 대답이 안 나온다. "전 과학자가 되고 싶어요!"라고 말하는 순간 공부를 엄청 열심히 해서 좋은 고등학교에 가고 과학에 특화된 대학에 가야 하는 걸 알고 난 다음부터는 내가 그럴 수 있을까? 하는 걱정 때문에 그렇다. 꿈보다 걱정이 앞서는 건 내 스타일이 아닌데 왜 난 벌써부터 이렇게 생각이 많은 건지 원.

방학 때 매번 시간을 낭비하며 놀다가도 문득문득 이런 생각들에 잠기곤 했었다. 그러다 우연히 자기주도 캠프라는 걸 알게 되었다. 개학 후에 내가 혼자서 공부하는 걸 도와줄 수 있지 않을까? 하면서 부모님의 허락을 받아 참여한 캠프였다. 물론 공부도 공부지만 물어보고 싶은 것이 많았다. 결국 자기주도 학습의 최종 목표는 내 꿈을 이루기 위한 거니까 말이다. 나도 모르는 내 꿈이 뭔지 물어보고 싶은 마음이었다.

캠프 활동을 하던 중 나를 도와주던 멘토 선생님이 참 좋았다. 멘토 선생님에게 이런 고민들을 이야기하면서 멘토 선생님의 꿈은 무언지 물었다. 선생님도 지금 꿈을 향해 달려가고 있다고, 자신이 꿈꾸는 직업은 변리사라고 했다. 변리사? 나는 생전 처음 들어보는 그 직업이 생소해 몇 번인가 되물었다. 변리사는 발명가들의 발명품에 대한 특허권을 발급해주어 그들의 저작권을 보호해주는 직업이라고 했다. 그 순간 나는 그렇게 멋진 직업이 있었구나….

이 직업에 흥미를 느낀 나는 캠프가 끝나고 집에 돌아와 변리사에 대해 찾아보던 중 우리나라뿐만 아닌 세계 여러 나라에서 가난한 발명가들이 돈 때문에 특허권을 발급 받지 못하여 부당한 대우를 받고 있다는 사실도 알게 되었다. 그때부터 나의 꿈은 이 세상에 있는 모든 발명가들을 위한 국제 변리사가 되는 것이다. 내가 어른이 돼서 변리사가 된다면 모든 발명가들을 도와 부당한 대우를 받는 발명가가 없는 세상을 위해 힘써야겠다고 다짐했다.

MIT에 발을 디디는 순간, 왠지 수많은 과학 천재들, 발명가들이 이 안에 숨어있는 기분이 들었다. 게다가 나 역시 이공계열의 대학교를 지망

하는 학생으로서 꿈의 대학교에 온 기분이었다. 발명가들을 이해하기 위해선 나 역시 그들만큼 많은 걸 알아야 했고, 그 분야를 알아야 이해해야 하는 건 당연하다.

대학교 건물 입구에 도착하였을 때 외관은 하버드 대학교 못지않게 웅장했다. 그런데, 학교 안에 들어가 보니 나의 기대는 무너졌다. 건물 내부는 타일을 뒤집어쓴 교도소 느낌이었다. 내가 느낀 MIT의 느낌은 공부를 못하면 교도소에 들어가게 된다? ㅠㅠ, 마치 기숙학교에 붙잡혀서 평생 공부만 하며 갇혀 사는 느낌? 이라고까지 말하면 MIT 학생들은 기분이 나쁠까? 왠지 하버드의 고풍스럽고 웅장한 건물들에 비하면 MIT는 단촐했고 그냥 평범한 건물처럼 보였다. 그러나 이 구석구석을 설명해주기 위해 MIT에서 공부를 하고 있는 학생의 설명을 들으니 역시 MIT는 내가 생각한 꿈의 대학교가

맞았다.

MIT에 대해 들으면서 나는 아주 흥미로운 이야기를 들었는데, 이는 바로 해커라는 집단에 대한 이야기였다. 해커는 MIT 대학생들이 만든 집단으로 서로 비공개적으로 장난을 쳐 누가 더욱더 심한 장난을 치는지 겨루는데, MIT를 돌면서 해커들이 한 몇 가지 장난에 대해서 설명을 들었다. 첫 번째 장난으로는 MIT 건물 지붕 위에 학생 한 명이 경찰차를 올려놓은 것인데, 장비를 사용하지 않고 경찰이 팝콘 먹는 모습을 연출하고 주차위반 딱지를 붙이는 등 디테일까지 꼼꼼한 장난이었다. 경찰차를 지붕 위로 올리는 것은 사다리도 없이 상식적으로 불가능한 일이지만

그 해커는 경찰차를 분해하여 지붕 위에 올려놓고 다시 조립하는 방법을 썼다는 것이다. 저렇게 높은 곳까지 장비를 가지고 올라간 것도 말도 안 되는데 그걸 위에서 조립을 하다니? 실은 그게 더 그들의 장난에 가려진 포인트인데, 나는 이만큼 능력이 있어~ 이 능력으로 치는 장난이야~ 어때? 대단하지? 하는 게 느껴졌다.

이것 외에 다른 장난도 많았는데 그 중 두 번째는, 음식점 위에 소를 올리는 황당한 장난이었다. 이 역시 한 해커가 비공개적으로 시행하고 나중에 공개하였다고 한다. 마지막 장난은 MIT 건물들 중 하나를 사용하여 건물 테트리스를 하였는데 건물을 바탕으로 레이저를 쏘아 게임을 했다고 한다. 이건 유투브에서도 꽤 유명한 동영상으로 화제가 되었다며 검색해보라고 하였다.

우스갯소리지만 학교 선생님이 서울대에도 이 비슷한 유명한 일화가 있다고 이야기 해준 것이 생각났다. 전기과 학생과 컴퓨터 공학을 하는 학생이 같이 쓰는 기숙사에서 더운 여름날 에어컨을 틀어주지 않아서 전기를 공부하는 친구가 전기 배선을 건드려 에어컨을 켰단다. 중앙 통제 시스템을 건드렸기 때문에 벌점을 받고 그 학생은 기숙사를 퇴소해야 했는데 같은 방 친구는 컴퓨터 공학을 전공하는 학생이라 학교 기숙사 전산시스템에 들어가 룸메이트의 벌점을 삭제했다가 발각되어 결국 둘 다 퇴소 처리됐다는 이야기였다. 이 이야기를 학교에서 들었을 땐 다들 낄낄거리고 웃었는데 MIT의 장난스케일!!! 와!!!

사실 차를 학교 건물 위에 올린다는 것은 한국에서는 상상도 못할 일이고 만약 그런 일을 하였다면 이해받지도 못했을 것이다. 학교를 우습게 여겨서 그런다느니 철이 없어서 저런 짓을 한다느니 하면서 말이다. 그러나 그런 엽기적인 장난을 받아주는 관용력이 있는 사회분위기는 우리나라도 본받아야하지 않을까? 미국의 자유롭고 새로운 문화를 이해해주는 분위기가 우리나라에도 통용된다면 창의적 인재의 양성이 더욱 쉬울 것 같단 생각이다.

프리덤 트레일

여기저기 공원이 있다는 건 참 부러운 일이다. 다들 여유로움이 뚝뚝 묻어나는 표정으로 잔디밭에 드러누워 햇살을 받기도 하고, 그 옆을 유유히 조깅하며 지나는 사람, RC카를 모는 남자와 개를 산책시키는 여자, 웃으며 서로의 손을 맞잡은 연인. 뉴욕의 공원들을 볼 때에도 생각한 거지만 보스턴에도 도시에 녹색의 공간이 펼쳐져 있는 것을 보자 기분이 좋아졌다. 게다가 날씨는 얼마나 좋았던지. 사진을 찍는 내내 청명한 하늘과 잔디밭의 초록이 쨍하고 찍히는 것이 마음에 들었다. 보스턴 커먼은 활기차고 싱그러웠다. 뉴욕의 센트럴파크엔 커다란 바위와 인공 호수, 숲처럼 빽빽한 곳이 있어 도시와 차단된 새로운 세계처럼 보였다면 이곳은 적당한 크기였고 평지인지라 여기저기 햇살이 고르게 잘 들어 따사로웠다.

센트럴파크와의 다른 점이 단순히 형태나 모양, 디자인 같은 설계에서만은 아니다. 보스턴 커먼은 프리덤 트레일의 시작이다. 그 때문에 공원 바닥에 빨간 표시가 있다. 프리덤 트레일은 독립혁명의 전선에 있던 보스턴의 역사적 유적을 따라 볼 수 있게 만든 곳이다. 하버드나 MIT와 같은 명문대학교를 보기 위해 갔던 메사추세츠에서 찰스 강변을 따라 걸었는데, 찰스 강변에선 매년 독립기념일 축하 음악제가 열리는 걸로도 유명하다고 MIT에 재학 중인 학생이 이야길 하기도 했었다. 찰스 강변의

Coca-Cola
Fresh Squeezed Lemonade

보스턴 커먼 공원

맞은편으로 보이는 보스턴의 전경들을 보며 독립기념일을 아냐고 물었다. 7월 4일, 바로 얼마 전이 독립기념일이었다고 하며 보스턴에 넘어가게 되면 독립 전쟁에 대해 훨씬 더 많이 알 수 있을 거라고 말이다. 불꽃놀이를 할 때면 얼마나 화려한지 다양한 불꽃이 밤하늘을 수놓는다고 말이다. 독립전쟁의 불씨를 터뜨렸던 이곳에서 터지는 불꽃들이라니.

어쨌거나 지금 내가 서 있는 이 공원은 청교도들이 군사 훈련장으로 쓰기도 하고 방목장으로 쓰기도 한 것이 시초였다고 한다. 한때는 쓰레기장으로 활용되기도 했지만 공적인 행사가 열리면 주로 이곳에서 이루어졌고 마녀 처형이 이뤄지기도 했으며 독립혁명기의 수많은 항쟁의 집회들이 열린 곳이다. 어쩌면 당연하게 이 넓은 평지에 모여 이야기를 나누던 것이 사람들을 더 불러 모으고 공론장이 되게 했는지도 모른다. 이 공원의 붉은 줄을 따라 프리덤 트레일을 걷자고 하긴 했는데 안내 책자 없이 정말 괜찮을지 걱정이 들었다. 그런데 의외로 이 표시가 촘촘하게 되어 있어 조금 걷다 보니 걱정이 사라졌다. 표식이 없을 땐 붉은 벽돌로 표시되어 있어 어쨌거나 붉은 것들을 따라가면 유적들을 볼 수 있었다.

보스턴은 뉴욕과 달리 오래된 도시이기도 하고 꼬불꼬불한 길이라 관광객들이 유적지를 돌아보다 길을 잃는 경우가 많았다고 한다. 그래서 한 신문 기자의 제안으로 16개의 역사적 명소를 볼 수 있게 만들어진 게 프리덤 트레일이라고 한다.

보스턴 커먼에서 바로 보이는 황금빛 돔을 따라 공원 끝으로 향했다. 계단을 오르고 작은 횡단보도를 건너면 마주하는 건 매사추세츠 주 의사당이었다. 황금으로 번쩍이는 의사당을 보니 확실히 보스턴의 느낌이 뉴욕과 다른 걸 느낄 수 있었다. 게다가 둥근 돔! 네모나고 뾰족한 갈색 건물들의 뉴욕과 달리 색들이 넘치고 왠지 봄, 여름에 어울리는 곳이 바로 보스턴이었다.

마치 중세 유럽의 길처럼 길을 따라 직진하면 붉은 벽돌 건물 중 하나라 쉽게 놓치기 쉬운 서점 하나가 보였다. 올드 코너 서점이었다. 식민지 최초의 신문을 출판하고 여러 책들을 출판한 곳이다. 이 서점을 지나 걸으면 작은 벤치가 있는 쉴 곳이 있길래 앉았더니 마침 와이파이도 터졌다. 앉아서 이것저것 검색을 하며 역시 여행 안내소에 먼저 다녀올 걸 하는 후회했다. 미국 역사를 보기야 했지만 깊게 알질 못하니 설명을 보면서 하나하나 따라가고 싶었는데 너무 큰 욕심이었을까? 급하게 핸드폰으로 검색해 찾을 수라도 있어 다행인가? 여행을 준비할 땐 가보지 않은 곳이 참 막연하고 둘러보는데 얼마나 시간이 걸릴지도 잘 예상이 되지 않아 막상 와보면 놀라는 경우가 참 많다. 하긴, 시간이야 유동적으로 잡으면 그만이다. 문제는 이럴 때다. 역사적 유적지나 특징 있는 건물들 앞에서 한없이 내가 아는 것이 작을 때. 아는 만큼 보인다는데 가기 전까진 사실 머리 속에 잘 들어오지 않아 본다고 해도 이 정도면 되겠지 싶고, 막상 오면 벅참을 느끼긴 하는데 더 잘 알고 싶고 말이다.

그런데 내 마음을 아는 걸까? 핸드폰으로 와이파이를 잡아 인터넷 창을 열자마자 처음 뜨는 페이지는 바로 보스턴 시청의 페이지였다. 게다가 인터넷을 통해서 프리덤 트레일 경로에 대한 정보까지 한큐에 뜨다니. 와우! 정말 신세계다. 가끔 관광지들은 옛날이나 지금이나 그대로여서 정보도 틀린 것들이 그대로 있는데다 업데이트도 안 되기도 하던데 마치 도시 전체를 오디오 가이드 해주듯 서비스를 해주다니. 게다가 와이파이까지 모두 무료로 제공! 비밀번호로 잠긴 와이파이만 가득했던 깐깐한 뉴욕을 떠올리며 나는 고개를 절레절레 흔들었다.

옛 주 의사당 건물 앞에서 다른 친구들이 잠시 그곳에서 연주를 하는 사람들을 구경하고 있을 때, 나는 다시 핸드폰을 꺼내 인터넷에 접속했다. 유적지엔 어김없이 연결되는 인터넷에 또 감동을 하면서 말이다. 옛 주 의사당에 대한 설명을 천천히 읽었다. 보스턴에 있는 공공건물로는 가장 오래된 건물 중 하나라고 한다. 이 뒤로 펼쳐진 고층 건물들에 자연

옛 주 의사당

스럽게 섞여 있는 것이 좋았다. 시청에 신청사 건물이 생기기 전에 느꼈던 느낌과 비슷하다고나 할까? 성당에 걸려있을 법한 나무틀에 끼워진 금박의 그림이 중앙 위에 있고 그 밑으로 튀어나온 새가 날개를 활짝 펼치고 있었다. 독수리인가? 아니면 매? 자세히 알 순 없지만 그 기세나 기상만큼은 무엇을 표현하려는지 알 수 있었다. 바로 이 의사당에서 1776년 사무엘 애덤스가 미국 독립혁명의 완성인 독립선언문을 낭독했다고 한다. 이곳은 현재 독립 운동을 했던 사람들의 자료와 그 당시에 그들이 사용했던 무기, 생활 용품들을 전시하고 있는 박물관으로 쓰인다고 한다. 그리고 박물관 밖에는 원형의 조약돌들이 바닥에 박혀 있는데, 보스

사무엘 아담스 동상

턴 학살 사건을 기념하는 것이라고 한다.

이 건물의 발코니에서 독립선언문을 낭독한 사무엘 애덤스의 동상은 옛 주 의사당에 있을 것 같지만 페넬 홀 앞에 위치해 있다. 지금 페넬 홀 안은 관광 기념품들을 파는 상점가로 변해 있어 올드 사우스 집회소나 옛 주 의사당처럼 보스턴의 옛 역사 박물관으로는 사용되지 않고 있지만 페넬 홀에서 바로 이 '프리덤 트레일' 안내를 해주는 곳이 위치해 있다. 이곳에서 지도를 받고 설명을 들은 후에 꼼꼼하게 스팟을 돌았으면 더 좋았을 뻔했다. 하긴, 그래도 인터넷으로 바로바로 보스턴 시청에서 써놓은 가이드북을 참고해서 봤으니 그게 그건가 싶긴 하지만 말이다.

이제는 박물관으로 사용되고 있는 시청사

올드사우스 집회소

조깅

우리는 Shake Shack 버거를 먹은 후 센트럴파크를 걸었다. 우리처럼 센트럴파크를 천천히 산책하는 사람들도 있었고 피크닉 천을 깔고 눕거나 앉은 사람들도 있었지만 가장 많이 본 사람들은 바로 조깅을 하던 사람들이었다. 조깅화와 팔에 암밴드를 차고 노래를 들으며 뛰고 있었다. 웃통을 벗은 남자들도 더러 있었다. 사실 센트럴파크가 아니라 뉴욕 곳곳에서 달리는 사람들을 쉽게 볼 수 있었다. 우리나라로 치면 명동과 홍대, 강남, 종로 일대에서 거리낌 없이 조깅을, 게다가 시간대를 불문하고 말이다. 우리나라에서도 한강이나 동네의 천변을 조깅하는 사람들은 많지만 뉴욕만큼 도시 곳곳에서 조깅을 하는 사람들은 드물다. 운동의 중요성이 더 강조되어서일까? 이유는 알 수 없지만 그 시간에 우리나라 학생들은 무엇을 하고 있었을지 생각해보니 아마 교실에서 공부를 하거나 학원을 가지 않았을까? 아니면 모두 게임을 하거나 말이다. 나도 그렇고 내 친구들에게 '논다'라는 표현은 밖에

나가서 뛰는 것보다 모여서 게임을 하는 게 일상적인 일이니까. 이렇게 정말 '나가서', '땀을 흘리며' 뛰고 운동하고 그렇다면 더 좋을 텐데 말이다.

얼마 전, 텔레비전에서 유명한 스타 강사가 나온 프로그램을 본 적이 있었다. 엄마는 공부법을 보고 저 사람이 얼마나 독하게 공부했는지, 나도 좀 배우라고 했지만 그 강의를 보고 난 후 기억에 남았던 말은 이거였다. 당신이 뭘 원하든, 당신이 원하는 것은 방에 없다고 한 말이었다. 나가서 줄기차게 보고 배우라는 이야기였다. 어쩌면 그저 다녀오기만 하고 미처 정리하지 못한 내 미국 답사를 정리하는 말이어서였을까.

계산하기

미국 여행을 간다고 하자 친구들은 하나같이 기념품을 사오라고 했다. 기대에 부응하듯 나도 열쇠고리 같은 자그마한 선물 정도는 부담 없이 사줄 수 있을 것 같았다. 그리고 미국에 와서 처음으로 기념품 가게에 가 선물을 고를 여유가 생겼는데, 원래 생각했던 대로 나는 친구들에게 줄 열쇠고리에 주목했다. 그런데 열쇠고리는 하나당 5달러나 했다. 오마이갓, 예산 초과! 그래도 미국까지 왔는데 선물은 사가야지 싶었다. 게다가 친구들이 좋아할 모습이 생각나 기분 좋게 열쇠고리를 집어 들어 계산대로 갔다. 계산대 직원이 열쇠고리의 가격 태그를 찍고 나에게 말하는 순간 직원이 나에게 사기(?)를 치는 줄 알았다. 분명히 표에는 5달러라고 나와 있었는데 직원은 6.5달러라고 한 것이다. 나는 언성을 높여 직원에게 왜 돈을 더 받느냐고 화를 내었다. 그런데 내가 들은 직원의 대답은 뜻밖이었다. "tax"라는 것이다. 세금? 나는 놀라서 물어보았다. "tax?" 그러자 직원이 고개를 끄덕였다. 나는 얼떨결에 열쇠고리를 생각했던 거보다 1.5달러나 비싸게 사서 나오게 되었다.

나는 버스에 타서 선생님께 왜 물건의 가격이 가격표보다 비싼지를 물어보았다. 나의 예상대로 선생님께서는 세금 때문이라고 하였다. 그런데 나는 왜 세금을 우리나라처럼 가격표에 붙어 있지 않은 지 궁금했다. 게다가 이동할 때마다 제각각 세금이 달라 결국 나는 계산하길 포기했다. 일러주는 대로 큰돈을 내고 거스름돈을 받거나 동전이 가득해졌을 때엔 주머니에서 한움큼 동전을 내밀어 '알아서 가져가라'는 식으로 배째라(?) 태도를 취했다. 동전 종류는 비슷해서 얼마나 헷갈리던지. 미국 여행 내내 세금과 동전구별이 동시에 나를 괴롭혔다.

뉴요커와 관광객

미국 최고의 대학교 하버드대학교를 갔을 때 나는 왠지 모를 긴장감에 사로잡혀 있었었다. 우린 하버드 대학교에서 재학 중인 선생님을 만나서 이야기를 듣고 있었는데 주위에는 많은 나라 사람들이 있었다. 그래서 나는 그들이 모두 이 학교의 학생인줄 알고 하버드는 세계적인 학교이다 보니 다양한 인종의 학생일 거라고 생각하였다. 그러나 가이드 선생님의 말씀은 뜻밖이었다. "여기 있는 대부분의 사람들은 관광객들이에요. 사진기를 들고 있는 사람들은 모두 관광객이라고 보시면 돼요." 순간 나는 김이 새면서 한번 또 놀랐다.

관광객들의 파도는 일정한 관광지에서만 발견되는 게 아니었다. 일반 거리를 돌아다닐 때에도 길거리에서 볼 수 있는 사람들 중 반 이상은 카메라를 든 관광객들이였다. 심지어 미국인들이 일상적으로 여유를 즐기는 곳에서도 관광객들을 발견할 수 있었다. 우리가 잠시 센트럴파크에 점심을 먹으러 들렸을 때, 뛰거나 운동을 하는 사람들을 제외하고는 거의 모든 사람들이 관광객들이었다. 지금도 내가 스쳐간 사람들 중 미국인, 특히나 뉴욕에서 뉴요커가 더 많을까 관광객이 많을까 생각해본다.

BEST ACTOR!
BILLY PORTER
BTELSV
iSNEY
FOREVER
TOSHIBA

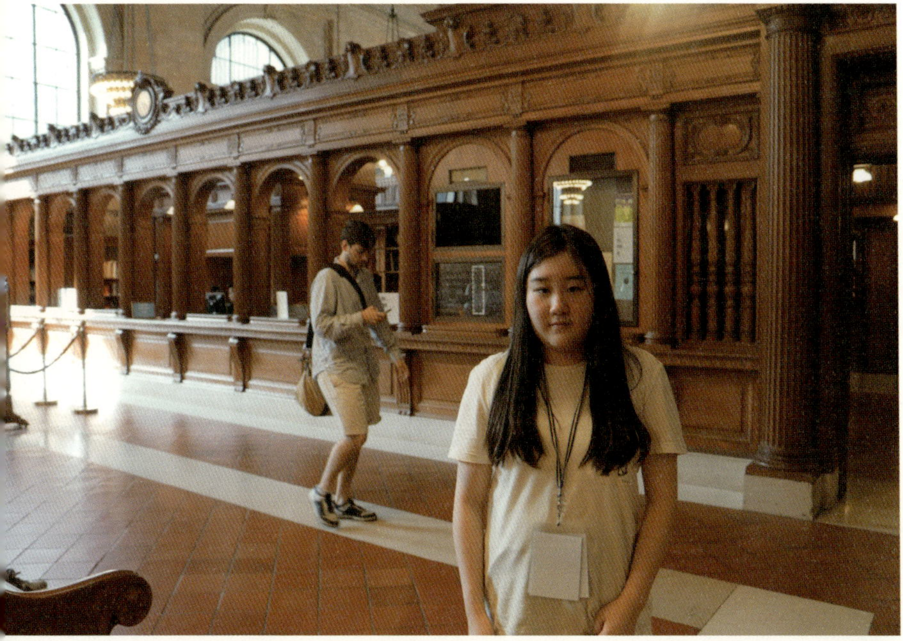

UNITED NATIONS
BOOKSHOP
AT HEADQUARTERS · NEW YORK

UN 본부에 가서 설명을 듣고 나서, UN본부에서 유니세프와
세계의 평화와 핵을 감소시키고 신탁통치 등 여러가지
일들을 하는 것을 알게 되었습니다.
아프리카의 어려운 사람들을 위해서 일을 하는것을
알고, 조금이라도 도움이 되기 위해 유니세프와 같은곳에
조금이라도 기부를 하면 좋겠다는 생각이 들었습니다.
뉴욕에 있는 UN본부가 세계에 영향을 끼치는게
신기하고, 회의장에서 세계의 각 국가의 대표들이
모여 회의하는 것이 신기하다고 생각했습니다.
그리고 신탁통치처럼 UN본부에 의해 자격을 갖춘 국가가
일정한 지역을 통치하는 것도 신기했습니다.
전 세계가 더 나은 세상이 되기 위해 UN본부만이 아니라
전 세계의 사람들이 노력했으면 좋겠습니다. —우가영—

WALL ST
bgc
Capital One Bank
BARBER SHOP
NEWSSTAND

뉴욕의 격자무늬에서 내꿈을 발견하다

우가연 미래의 회계사

내가 정작 미국에서 발견한 보물같은 곳은 월스트리트보단 락펠러 전망대에서 바라본 뉴욕이다. 뉴욕의 격자무늬처럼 종이에 나눠 만든 표에 가계부를 적듯 계산을 하고 그걸 맞춰보고 꼼꼼하게 채워 넣는 것이 크게 다르지 않다고 느꼈다고 말한다면 친구들은 이해할 수 있을까?

월스트리트

사실 미국은 영국의 식민지였다고만 생각하기 쉽지만 북미 대륙은 영국인 뿐 아니라 유럽 열강들이 앞다투어 깃발을 꽂았던 곳이다. 네덜란드와 프랑스, 스웨덴 등 동부에도 여러 유럽 국가의 이주민들이 도착했고, 뉴욕 특히 맨하튼은 네덜란드가 차지했다. 월스트리트라는 이름 역시 뉴욕을 뉴암스테르담이라고 불렀던 17세기 초에 정착한 네덜란드인이 영국군과 인디언의 침입을 막기 위해 성벽을 세우면서 붙여졌다고 한다. 월스트리트가 포함된 시청 부근부터 동쪽과 남쪽 끝까지의 구역을 파이낸셜 디스트릭트라고 부른다. 이곳의 역사는 서울의 종로구를 포함해 사대문 안의 옛 서울처럼 미국의 역사를 대변해주는 곳이다. 미국의 초기 역사가 이곳에서부터 시작되었다고 해도 과언이 아니다.

그러나 현재의 맨하튼의 남쪽 끝에 있는 월스트리트는 생각보다 한산하고 작고 평범한 거리였다. 세계 경제를 쥐락펴락한다는 중심가라고 믿기 어려울 정도로 관광객들이 넘쳐나고 그들은 황소 동상 앞에서 기념사진을 찍기 위해 길게 줄을 선다.

어찌됐든 이곳이 세계 금융의 심장이라고 생각하니 가슴이 두근거렸다. 출근 시간대에 왔으면 더 좋았을 걸. 드라마나 영화 속에 자주 나오는 모습, 바로 한 손에는 커피, 한 손에는 서류 가방을 든 사람들이 바쁘게 움직이는 모습을 보고 싶었는데 말이다. 사실 월스트리트 하면 상징적인 장소일 뿐 꼭 가봐야 할 특별한 장소인가 하는 말들이 많았지만 난 그래도 꼭 가보고 싶었다. 금방이라도 역동적으로 움직일 것 같은 황소와 건물 외부에서 바쁘게 일하는 내부의 모습을 상상하는 것만으로도 충분한 곳이라고 생각이 들었다. 이 건물들 안은 어떤 세상일까? 얼마나 대단한 사람들이 모여 이 안에서 세계 경제를 경영하고 있는 걸까.

월스트리트엔 1989년 뉴욕 증권 거래소 앞에 이태리 조각가가 만든 청동 황소가 있다. 이탈리아 작가가 게릴라 아트의 일환으로 증권 거래소 앞에 무단으로 놓아두고 간 이 조각은 불법행위이기 때문에 처음엔 황소를 가둬놨었다고 한다. 이제는 이 황소가 월스트리트의 상징이자 세계의 증권 거래소 곳곳에서도 볼 수 있게 되었다니 가끔은 의미있는 상징이란 사소한 것에서 시작되는 것인가 보다. 더군다나 이 황소를 에워싼 많은 관광객들을 보면 말이다. 평범한 거리에 불과한 월스트리트에 오는 이유는 사실 황소 동상 앞에서 기념사진을 찍기 위해서라고 봐도 무방하다.

꽤 크다고 느꼈던 청동 황소는 황소의 엉덩이 부분을 만지면 행운이 온다고 해서 사람들이 줄을 서서 사진을 찍는데 하도 만져댄 탓에 그 부위만 반짝반짝 빛이 날 정도다. 나도 줄을 서서 만졌는데 느낌이 조금 이상했다. 어떤 행운인지 모르지만 월가에서 온 행운이 곧 오길 바라면서 말이다.

여의도에도 월스트리트처럼 청동 황소와 비슷한 조각이 있다고 한다. 여의도가 월스트리트처럼 금융의 중심지가 되고 싶다는 바람에서 세워둔 게 아닐까? 황소의 뿔 모양이 위로 상승하는 곡선처럼 보인다고 해서 주식 시장이 잘 되길 바라는 의미로 세운 거라고 하는데 뉴욕에 있는 상징물 하나가 바다 건너 우리나라에까지 영향을 주는 걸 보면 미국이라는 나라가 세계 금융의 중심지라는 사실을 새삼 실감나게 한다.

2km 남짓한 높은 빌딩숲이 세계 금융의 중심이자 미국의 자본주의를 대표하는 곳이라니. 과거에 농사를 짓거나 공장에서 물건을 제조해 돈을 벌었던 것에 비하면 건물들만 모여 있는 이 곳에서 돈을 번다는 것이 어쩐지 비현실적으로 느껴졌다. 건물 안에서 한낱 종이에 불과한 증권으로 세계를 움직인다고 하니. 자본주의의 위력은 대단하다.

뉴욕의 증권거래소 앞엔 이러한 자신들의 자존심을 보여주는 듯 건물 표면의 절반이 조금 못 되는 크기의 커다란 성조기를 걸어놓았다. 바로 이곳이 미국이라는 걸 보여주려는 듯 말이다. 그런데 1929년 10월부터 뉴욕의 월 가에서 주가가 대폭락하면서 미국이 대공황에 빠졌다. 미국은 이 상황을 타개하기 위해 유럽에 투자했던 돈들을 회수하기 시작했는데, 미국의 자금으로 나라 경제를 유지하고 있던 유럽 각국에 영향이 미쳤고 다시 소련을 제외한 전 세계로 파급되어 세계적인 공황을 몰고 왔다. 그 중에서도 독일은 심각한 타격을 받았다. 경제가 안 좋아지면서 회사들이 줄도산하면서 많은 실업자들이 생겨났다. 미국의 후버 대통령은 대책을 마련하지 못해 많은 비판을 받았다고 한다. 유권자들은 이에 등을 돌려 다음 선거에서 루스벨트가 승리, 대통령으로 취임하게 된다. 루스벨트는 대통령의 권한을 강화하여 경제에 적극적으로 개입한다. 먼저 노동시간을 단축시키고 최저 임금제를 실시하였고 농산물 가격을 인상시켜 구매력의 증대를 꾀하였다. 그리고 테네시 강 유역 개발 공사와 같은 대규모 공공 투자로 고용 확대 정책을 폈다. 그리고 노동자의 단결권과 단체 교섭권의 확립을 촉진하였다. 이른 바, 우리가 알고 있는 뉴딜 정책. 이 정책으로 미국은 대공황으로부터 탈출하게 된다.

월가는 9.11테러 이후 침체기를 겪고 있다. 현재 1400명이 넘는 중개인이 일하고 있지만 금융기관이 뉴욕 각지로 이전하면서 빈 사무실들이 늘고 있는 추세고 뉴욕 증권 거래소도 조만간 이주할 계획이라고 한다. 월스트리트에 빨간 불이 켜지면서 미국뿐만 아니라 그 여파로 여러 나라들이 힘들어질까봐 걱정이 된다. 특히 우리나라 뉴스를 볼 때마다 매일 뉴욕의 증권거래 시장 상황까지 보도되는 걸 보면 이제 경제 문제는 한 나라에서 끝나는 것이 아니라 세계 모든 나라가 거미줄처럼 얽혀있으니 말이다.

2013년 '월가 시위'에 대한 뉴스 보도가 끊이질 않았을 때 사실 너무 어려운 내용이라 무엇이 중요한 건지, 왜 저렇게 시위를 하는 것인지 이해할 수 없었다. 증권맨들의 바쁘고 멋지고 화려한 삶만 생각해왔으니 말이다. 그때 쉽게 그 사건을 풀이해놓은 문구 중 하나가 기억에 남는다. 도덕적 저항. 자본주의의 중심지인 월가, 증권거래소와 페더럴 홀, 이름만 보면 다 아는 기업들 사이에서 돈이 전부가 아닌 다른 가치를 말하는 사람들이 있다는 건 새로운 바람인 것 같다. 뉴욕 증권거래소 앞에서 그런 생각을 해봤다. 그리스풍의 원기둥과 조각상들과 유럽 건물의 모양새를 띈 지붕 때문인지 신전처럼 보이는 증권 거래소. 돈으로 필요한 것들을 사고 내가 좋아하는 걸 할 수 있는 거란 생각이 아니라 '돈 자체'를 신처럼 모시는 사람들이 세상에 더 많이 늘고 있는 건 아닐까? 어쩌면 이곳에서 일하고 삶의 터전인 사람들이 그걸 몸으로 먼저 느껴서 위험성을 경고하는 것이었을까?

월스트리트를 지나 페리를 타고 브루클린 브릿지에서 보는 월스트리트는 마치 그 예전의 네덜란드인들이 세운 말뚝벽들처럼 높은 빌딩벽들로 장벽을 이루고 있었다. 미국의 첫 수도였던 작은 구역이 세계의 경제의 중심지가 되는 사이 우리가 많은 것들을 잊고 있었던 건 아닐까? 학교에서 배웠던 쉽고 간단한 일들이 사회에 나오면 왜 어렵고 힘든 일이 되는 걸까? 처음 네덜란드인들이 이곳에 있던 원주민들에게 고작 24달러에 불과한 구슬을 주며 그들을 이주시키고 이곳을 차지한 것처럼, 누군가를 속이고 내보내며 얻어내는 이익이 아니라 서로 필요한 것들을 바꾸는 물물교환이 경제의 첫 시작이라면, 우리는 좀 더 정직하고 따뜻한 경제의 얼굴을 맞이할 수도 있지 않을까.

5번가, 소호

이른 바 명품거리라고 불리는 5번가에 도착해 처음 나를 반겼던 것은 프라다와 구찌, 루이비통, 까르띠에 등 명품 쇼핑백들을 든 사람들이었다. 지나는 사람 서너 명 중 한 명은 쇼핑백을 손에 들고 있었다. 쇼핑의 천국이라는 뉴욕에서도 손꼽히는 5번가는 양 옆으로 명품 매장들이 줄지어 있다. 세상에서 제일 비싼 땅값, 임대료를 자랑하는데도 가게들이 매장을 내는 이유가 바로 이곳이 '명품 거리'이기 때문이란다. 처음엔 명품들이 모여들어 명품 거리가 됐을지 모르지만 최근엔 명품 거리에 없는 브랜드는 명품이 아니라고 할 정도로 거리 자체가 하나의 브랜드이자 명품을 보증하는 보증서 같은 역할을 하는 셈이다. 빨간 차양의 까르띠에 매장, 약간 불투명한 유리로 매장을 가린 모던한 루이비통 매장, 그리고 온갖 명품들이 모여 있기로 유명한 고급 백화점인 버그도프 굿맨 백화점까지. 우리나라로 따지면 청담동 같은 곳이다.

영화 〈악마는 프라다를 입는다〉에서 패션 잡지 에디터였던 미란다가 출근하는 장면의 배경이 바로 이곳이었고, 이 영화의 주인공이었던 앤 헤서웨이가 커피를 들고 허둥대고 브랜드들의 옷들을 갈아입으며 유능하고 패셔너블하게 변하는 것도 바로 이곳이다. 실제로 이곳에는 언론사를 비롯해 광고사가 6번가까지 즐비하다.

특이한 건 명품을 파는 상점들은 그 브랜드가 만들어진 나라의 국기를

꽂아놓는 것이었다. 루이비통 매장에는 이탈리아 국기가, 버버리 매장에는 영국 국기가 매달려 있었고 베르사체와 페라가모에도 이탈리아 국기가 꽂혀 있었다. 프랑스 국기가 꽂혀 있기도 했는데 미국에서 이탈리아, 프랑스, 영국 국기들이 거리에 나풀거리는 걸 보니 순간 여기가 미국인지 유럽인지 헷갈릴 정도였다. 아무래도 미국보단 유럽의 역사가 길어 명품 중엔 유럽의 브랜드들이 더 많은 것 같았다. 언젠가 한국의 브랜드들이 이 거리에서 세계인의 사랑을 받는 명품 매장들을 갖게 되면 참 좋겠다는 생각이 들었다. 브랜드 하나에도 국가의 정체성을 부여하고, 그 나라에 대한 이미지를 결정하는 시대에 살고 있다. 예전에 드라마 유행어였던 '이게 이탈리아 장인이 한 땀~ 한 땀~ 손수 지은~' 이런 말 때문인지 몰라도 내게 있어 이탈리아는 장인들이 명품을 만들어내는 국가라는 인식이 강한 것처럼 말이다.

이곳에서 유명한 매장을 하나 꼽으라면 티파니 매장을 꼽을 수 있다. 내가 이곳을 지날 때에도 수많은 여자 관광객들이 브랜드 이름이 적힌 매장 앞에 줄지어 서서 오드리 햅번 같은 포즈를 취하며 사진을 찍었다. 티파니 본사에서 쇼핑을 하기 위해 뉴욕에 오는 사람이 있을 정도라고 하니 여자들의 로망은 역시 보석인가 싶기도 했다. 예쁜 민트색 상자에 하얀 리본으로 포장된 티파니 상자를 들고 행복해하는 사람들을 보니 행복이란 뭘까 잠시 생각에 빠지게 된다. 돈과 관계없이 행복을 찾는 건 당연하겠지만 정말 행복이 돈과 관련이 없다고는 말할 수 없음도 느낀다. 이런 생각을 하는 걸 안다면 다들 코웃음 칠 나이일지도 모르겠지만 나름대로 심각한 고민을 하면서 세상을 산다는 걸, 어른들은 알까?

프라다, 샤넬, 루이비통. 세계의 유명 브랜드들이 5번가뿐 아니라 소호에도 속속들이 매장을 내는 이유는 세련되고 감각적이며 패션의 중심

샤넬과 디젤 현수막이 간판 대신 매장 위치를 알려준다.

이자 유행의 선두에서 여전히 건재하다는 것을 보여주기 위해서가 아닐까? 그만큼 소호는 어느 거리보다 젊고 활기찼다.

소호는 원래 값싼 임대료로 자연스럽게 예술가들이 몰려든 곳이었다. 갤러리들이 생기고 사람들이 모여들며 예술가적 분위기와 유행에 민감한 힙스터들이 모이면서 패션브랜드들이 하나둘 이곳에 매장을 내기 시작한 것이다. 그리고 이제는 세계 패션 거리 중 하나인 소호를 말해주듯 유명 브랜드의 이름이 적힌 현수막들이 거리를 채우고 있다.

이미 첼시를 다녀온 후인지라 자연스럽게 소호에서 첼시로 옮겨간 갤러리들의 역사를 짐작할 수 있었다. 그리고 이제는 첼시에서 또 다시 윌리엄스버그로 옮겨간다는 것도 말이다. 갤러리가 사라진 자리엔 독특한 드레스를 파는 매장들과 예쁜 식기들, 유명한 글로벌 브랜드들이 이 자리를 메우고 있고, 그래도 여전히 '소호'의 역사를 말해주듯 거리엔 자신의 그림을 걸어놓고 길거리 판매를 하고 있는 다양한 나이대의 인디 미술가들이 있었다. 그리고 그들 사이를 유영하듯 매끄럽게 지나면서도 여기저기에 눈길을 주느라 바쁜 관광객들이 이 거리를 메우고 있었다.

뉴욕까지 왔는데 그림 한 장은 사가야지 싶어, 거리 미술가들의 그림들을 유심히 보았다. 자본주의의 수많은 상품들 중에서 그들은 그림을 팔고 있었다. 이 기묘한 대비가 바로 뉴욕의 모습일까? 상품과 예술. 그 극단에 있는 것들이 한데 모여 있는 것. 뉴욕의 풍경을 그린 그림들도 있었고 이해할 수 없는, 색으로만 가득 찬 추상화부터 시작해 우주를 옮겨 놓은 듯 천체를 그려놓은 그림과 단순한 캐리커쳐 그림들도 있었다. 소호에서 그림을 산 후기들을 미리 검색했을 때엔 우스갯소리로 화가가 죽은 뒤에 그림값이 뛰는데 혹시 그가 유명한 미술가가 되어 그림 값이 천정부지로 뛸지도 모르니 가장 나이들어 보이는 사람의 그림을 사라(?)는 팁 아닌 팁이 있었다. 나는 그 중 마음에 들어보이는 사람의 그림을 뒤적거리자 꼬마 손님에겐 특별히 10달러에 주겠다고 해, 작은 액자 크기의 뉴욕 풍경이 그려진 평범한 그림 하나를 샀다. 뒤편에는 60개의 그림 중 몇 번째 그린 그림이라는 표시와 함께 그의 싸인이 있었다. 벽에 걸어두면 두고두고 뉴욕에 다녀 온 기념품이 되겠지. 내가 죽기 전까지 그가 꼭

유명한 미술가가 되어 길거리에서 뿐만 아니라 화랑에서도 전시를 했으면 좋겠다 싶었다. 물론 꼭 돈 때문만은 아니고. 히히.

소호 끝까지 걸으면 관광객들의 필수 성지인 '카페 하바나'가 있다. 쿠바 스타일의 카페에선 샌드위치와 함께 구운 옥수수가 유명한데 나 역시 긴 줄을 서서 이 옥수수를 사먹었다. 젓가락 같은 꼬치에 끼워진 구운 옥수수에는 하얀 가루와 빨간 가루가 뿌려져 있어 처음엔 이게 뭐지 싶었는데 입을 대자마자 세상에! 이런 맛이! 하얀 건 치즈 가룬데 빨갛고 매콤한 이 가루는 뭐람? 뭔지 알 순 없지만 이 절묘한 맛은 왜지? 단숨에 옥수수를 해치워버리고 아쉬운 마음을 뒤로 하고 돌아서며 미국은 참 알 수 없는 나라라는 생각이 들었다. 미국에서 쿠바식 옥수수구이에 감동을 받다니. 많은 이민자들이 모여 만들어진 도시인만큼 중국 가게들을 비롯해 베트남, 타이, 인도 가게들이 거리를 점령하고 있었다. 나 역시 이곳에서 멕시코 음식을 먹기도 했고 일식을 먹기도 했다. 게다가 파스타 같은 유럽의 음식들도 있고 하다못해 쿠바식 음식까지 있는 나라. 계산대에선 유색 인종들이 더 많이 나를 반겨주었고 백인보다 흑인들을 더 많이 마주친 나라. 알면 알수록 미국이란 나라는 대체 어떤 나라인지 모르겠다. 세계의 수도라는 건 이런 의미에서일까? 모든 인종이 모여 사는 세계의 축소판 같은 곳. 그래서 세계의 음식들을 모두 맛볼 수 있고 저마다의 특성이 묻어 있는 곳. 어쩐지 거부감이 드는 '세계의 수도'라는 그 명칭이 그런 의미에서라면 정말 세계의 수도가 맞는 것 같기도 하고….

NYU, 패션스쿨, 뉴욕의 대학교

맨하탄 건물에는 여러 깃발들이 꽂혀 바람이 불 때마다 펄럭였다. 성조기가 제일 많았고 그 다음엔 파란색과 보라색 바탕에 아치 문양과 NYU라는 하얀 글씨가 쓰인 깃발이었다. 반대로 하얀 바탕에 파란색으로 글씨가 쓰여 있기도 했지만 NYU라는 글자는 같았다. 맨하탄 곳곳에 꽂힌 NYU의 깃발은 그곳이 뉴욕대 건물이라는 걸 말해주는 표식이었다. 웰컴센터, 카피센터, 도서관과 각종 과들이 여기저기 나누어져 뉴욕 전체가 마치 하나의 캠퍼스처럼 보였다. 한국의 대학교들도 중학교나 고등학교처럼 건물 한두 개가 전부는 아니지만 건물들은 따로 있다고 해도 일정한 구역 안에 모여 있는데 뉴욕대는 신기하게도 띄엄띄엄 자리하고 있었다. 게다가 "바로 여기가 뉴욕대랍니다!" 라고 말해주는 표시판은 어디에도 없어, 꽂힌 깃발이 없었다면 그대로 스쳐 지나갔을 것 같았다.

대학 건물이라고 하기엔 하버드나 MIT처럼 학교의 특색을 드러내는 건물도 아니라 그저 밋밋한 고층빌딩이었다. 워싱턴 스퀘어 주변의 건물들은 그나마 쪼르륵 붙어 있었다. 처음부터 계획적으로 생긴 대학이 아니어서인지, 뉴욕의 땅값이 비싸서인지 모르겠지만 대학 같지 않은 대학인 뉴

NYPD
SECURITY
CAMERA
DO NOT
ENTER

대학가인 유니온 스퀘어

욕대의 깃발을 따라 걸어보았다. 생각보다 한국 유학생들이 많아서인지 모르겠지만 한 가게에서 '한국 음식 있음'이라는 어설픈 글자체로 쓴 한글을 발견했다. 지나면서 들었던 한국어를 구사하는 사람들 중 카메라를 손에 쥐고 있지 않은 사람들이 아마 뉴욕대생이었으려나, 생각했다.

내 머릿속의 대학가는 홍대나 신촌, 대학로다. 아파트 단지와 상가들 몇 개뿐인 우리 학교 앞과는 달리 시끌시끌하고 생기 넘치는 분위기, 예쁜 옷들을 파는 가게들과 늘어선 맛집들. 대학생도 아닌 내가 대학가에 가는 이유는 그 때문이다. 맛집인데 싸고 맛있고 양도 많고 내가 보기엔 늘 유행의 맨 선두에 서 있는 듯한 옷들을 구경하기 위해서다. 그런데 뉴욕대에 다니면 그런 재미는 좀 덜하지 않을까? 가뜩이나 비싼 뉴욕의 물가를 대학생이 감당하려면 이런 즐거움을 누릴 수가 없을 것 같아서다. 물론 조금만 걸어도 소호가 있고 유명 백화점들이 가득하지만 마치 홍대 앞이 먹거리가 제일 비싼 것처럼 오히려 이런 곳에서 캠퍼스 낭만은 좀 덜하겠구나 싶었다. 나는 괜한 걱정에 시무룩해졌다. 뉴욕에 여행을 오고 나서 마음껏 간식을 사먹거나 배부르게 먹을 수 있도록 식당에서 메뉴 두 개를 시킨 적이 없었다. 기념품을 사려고 해도 내 주머니에 있는 돈보다 훨씬 비쌌고 물까지 사먹어야 하니 부담이 컸다. 단순히 물가가 차이나는 여행지라고 해도 참아야 하는 경우가 이렇게나 많은데 여기서 생활을 하려면 주머니 사정이 더 빠듯할 텐데…. 나보다 훨씬 큰 오빠, 언니들이고 여기까지 유학올 정도면 경제적인 어려움이야 그렇게 크지는 않겠지만, 나의 어머니는 내가 짧은 일정으로 여행을 가는 걸로도 이렇게나 걱정을 하시는데 그런 마음으로 자식을 유학을 보냈을 걸 생각하니 괜히 짠해졌다.

NYU를 필두로 뉴욕의 학교? 라고 하면 많은 사람들이 바로 패션 스쿨을 떠올릴 것 같다. 패션 4대 도시로 런던, 파리, 밀라노, 뉴욕을 꼽는데 뉴욕에 있는 파슨스와 FIT가 손꼽히는 패션 스쿨 중 하나다. 순전히 내가 파슨스를 아는 건 디자이너끼리 경합을 하는 예능 프로그램을 봐서이긴 하지만 말이다. 여러 디자이너들이 모여 매주 옷을 만들고 한 명의 우승자를 뽑는 프로그램이었는데 유학파인 사람들 중 뉴욕의 패션스쿨인 파슨스와 FIT에서 공부를 한 사람이 시즌마다 꼭 참가하고 있었기 때문이었다. 디자이너가 되려면 저 학교에 들어가는 게 제일 좋은 건가? 싶어 연신 궁금해 했었다.

파슨스는 건물부터가 시크했다. 프로그램이 시작될 때마다 나왔던 그 뉴욕의 전경에 보이던 바로 그 길에 있는 건물이었다. 통유리로 된 건물이 그저 네모난 것이 아니라 올록볼록하게 들어가고 튀어나와 있었다. 계단모양처럼 한 칸씩 타고 올라가는 오목한 유리 모양의 벽면이 사방으로 나선형을 띄고 있었다. 한국인 유학생이 많기도 하고 도나카란이나 안나수이 같이 우리가 잘 아는 디자이너들도 이곳을 나왔다니, 미래

파슨스 내부

의 세계적인 디자이너들이 지금 이곳에 있다고 생각하면 가슴이 뛰었다.

하긴, 소호와 그리니치빌리지 구역에 있는 파슨스는 이미 뉴욕 자체가 세계 패션 도시이고, 소호는 패션의 한복판이자 전쟁터인데 이걸 마주하고 온몸으로 부딪치는 학교가 바로 앞에 있으니 오죽할까!

뉴욕대 건물 중 하나에는 현수막과 함께 영화 상영을 하는지 포스터가 붙어 있었는데 티쉬스쿨이라고 쓰여 있었다. 뉴욕대의 영화 전공이 그렇게 유명했던가? 그러고 보니 싸이가 졸업했다는 버클리 음대도 뉴욕에 있다고 했다. 파슨스 뿐만 아니라 뉴욕 여기저기에 있는 여러 특화된 학교들은 학원의 개념도 포함하고 있다는 사실이 우리나라랑 다른 것 같았다. 가수가 하고 싶다는 내 친구에게 대학은 가라고 말하는 부모님이 이 곳을 보시면 마음이 좀 달라지실까? 아이유도 대학에 굳이 갈 필요가 없어 대학엔 안 가겠다고, 노래 부르느라 학교에 갈 시간이 없다고 했다는 걸 몰라준다며 한숨을 쉬던 친구의 얼굴이 떠올랐다. 하긴, 정말이지 아이유가 대학교에 갈 필요가 뭐가 있담. 다들 대학을 나와도 취업이 안 된다고 난리인 마당에 아이유는 이미 노래도 하고 연기도 하고 돈도 많이 버는데 말이다. 대학이 학문의 전당이라는 본래의 취지가 무색해졌고, 더 나아가 대학이 취업을 위한 관문으로 전락한 시대에 살고 있다면, 그리고 이미 그 분야에 입지를 굳혔거나 일가견을 이룰 수 있는 다른 길이 있다면 굳이 대학에 갈 필요가 있는가에 대한 의문이 든다. 특히나 뉴욕의 예술과 디자인 분야에서 유명한 SVA, FIT, Pratt에 한국 학생들이 많다고 하니 말이다. 멀리서 꿈을 찾아 더 큰 무대인 뉴욕에서 공부하고 싶은 것도 있겠지만 한국에선 이렇게 특성화된 교육을 받을 수

대학가 근처 카페 골목

있는 기회도 적고, 무엇보다 공부에만 초점을 맞추는 사회적 분위기에서도 자유롭지 않아서가 아닐까.

락펠러 센터

48스트리트와 51스트리트, 5번가와 7번가 사이의 20개의 빌딩들이 작은 군락을 이루고 있는 락펠러 센터 안은 레스토랑, 약국, 은행, 영화관, 학교, 쇼핑센터를 비롯해 NBC, 크리스티 경매장 등 마치 뉴욕 속의 작은 뉴욕, 도시 속의 도시 같은 느낌을 주는 공간이다. 얼마 전엔 락펠러 센터 앞 무대에서 강남스타일을 공연하던 싸이가 젠틀맨을 공개한 곳이기도 하다. 그리고 크리스마스가 되면 TV에서 방영하는 단골 영화인 〈나홀로 집에2〉의 케빈이 소원을 빌러가는 곳이 바로 여기다. 실제로 크리스마스 시즌에만 공연하는 라디오 시티 홀과 형형색색의 조명으로 물드는 건물, 커다란 트리 장식과 노천 식당이 자리했던 곳에 아이스 스케이트장을 만들어 놓아 여러 영화 속 배경이자 매 연말마다 뉴스나 텔레비전을 장식했던 낭만적인 공간도 바로 이곳이다. 뉴욕의 모든 관광지들이 그렇듯 영화 속 촬영지라서 그런지, 아니면 회사들이 몰려 있는 업무 지구여

서인지 사람들이 많았다. 사실 뉴욕은 모든 곳이 다 유명해 어디를 가든 사람들이 많았다.

처음 락펠러 센터에 도착했을 땐 뉴욕에 높은 빌딩들이 너무 많아서 별로 특별해 보이지 않았다. 페리를 타며 바라봤던 맨하튼의 수많은 고층빌딩 중 한 부분이었겠구나 싶었다. 아직도 우리나라에서 고층 빌딩을 떠올리면 63빌딩이 제일 먼저 생각나는데 뉴욕 중간에 섞어놓으면 아마 그런 느낌은 들지 않겠지? 따지고 보면 63빌딩 역시 이제 우리나라의 최고층 빌딩이 아닌 셈이니 나 역시 고층빌딩들에 익숙해졌다고나 할까. 어딘지 모르게 뉴욕의 건물들에서 우리나라 건물들의 느낌이 난다는 생각이 들었다. 이미 1930년에 한창 높이 전쟁을 하던 뉴욕의 건물들을 보며 우리나라도 비슷하게 건물을 지어서 그런 걸까, 아니면 도시의 얼굴들은 거의 다 비슷한 모양새를 띠는 걸까. 단지 뉴욕과 서울 뿐 아니라 도시의 얼굴들이란 거의가 비슷한 표정을 하고 있는 것처럼. 전 세계 어디에나 있는 체인점과 비슷한 옷들을 입고 비슷한 삶을 살고 있는 것처럼….

락펠러 센터를 찾는 여행객들은 그 나름의 몇 가지 이유가 있는데, 그 중 하나는 GE빌딩이고 그 앞의 식당가와 뉴욕을 한 번에 볼 수 있는 야경 때문이다. GE빌딩은 미국의 대기업 중 하나인데 이 회사의 모태가 바로 에디슨이 전구를 발명했던 에디슨 조명회사라고 한다. 돈을 버는 것보다 발명에 힘을 쏟아 회사가 어려워졌을 때 도움을 준 사람이 바로 락펠러다. 락펠러 센터 내의 입주는 물론 과감한 투자와 기부로 도왔다고 한다. 이러한 경제적 지원을 바탕으로 지금의 대기업으로 발전한 GE의 본사가 바로 락펠러 센터 안에 있다. 판매보다 발명에 힘을 쓴 기업과 그 기업을 재단의 기증으로 도움을 주는 따뜻한 자본주의의 얼굴이 락펠러 센터의 모습이라 생각하니 높기만 한 다른 빌딩과는 사뭇 감흥이 다르다. 일자리가 없는 사람들에게 일자리를 주기 위해 빌딩을 짓기 시작했다는 설명을 들었을 때 이 특별한 빌딩의 얼굴과 비로소 마주한 기분이었다. 단지 석유왕이 이룩해놓은 건물들이 아니라 돈을 번만큼 특별하게 쓸 줄 아는 사람이 만들어놓은 곳이라고 표현해도 괜찮을 것 같다.

'탑 오브 락'이라는 이름의 락펠러 센터 전망대까지 올라가는 엘리베이터는 엠파이어 스테이트 빌딩과는 또 달랐다. 엘리베이터에 타자마자 불이 꺼지고 천장에 홀로그램으로 락펠러 센터의 역사와 화려한 문구, 빛줄기들이 섬광처럼 지나가자 곧 도착이었다. 엘리베이터는 판타지 세계로 가는 통로처럼 느껴졌다.

전망대에 올라와 뉴욕을 내려다보자 grid라는 영어단어를 외운 것이 생각났다. 내가 외우는 영단어 책엔 단어 밑에 예문이 나와 있었는데 New York's grid of streets 라는 예문이었다. 격자무늬로 나 있는 뉴욕

Rockefell

의 거리. 이 문장이 퍼뜩 생각난 걸 보니 내가 뉴욕행을 준비하며 얼마나 영단어를 열심히 외웠는지 자랑하고 싶었다! 이 격자무늬의 뉴욕은 구역마다 짜맞춘 듯이 건물들이 들어차 있었다.

광대한 센트럴파크를 제외하면 직사각형의 반복은 단조롭고 지루하게 느껴지기도 했다. 같은 모양으로 줄지어선 건물들은 마감된 지붕의 형태만 조금씩 달라보였다. 그러나 바꿔 말하면 얼마나 효율적이고 실용적인지. 이 비싼 뉴욕 땅을 놀리는 것보다야 네모반듯하게 차곡차곡 건물을 지어 올리는 게 훨씬 이득인 건 어린 나도 알 수 있는 사실이다. 락펠러 센터의 도시숲은 일부러 만들어진 것이 아니라 계획된 도시 설계에 맞추어 지어진 건물들이었던 것이다. 나눠진 여덟 블록을 실용적으로 설계해 건물을 올리며 격자무늬의 도시 디자인에 스며들게 해 맞춤형 건물처럼 느껴졌다. 게다가 이런 고층 빌딩 사이에도 눈부시게 햇빛이 내려앉기까지 하다니.

전망대에 올라 뉴욕을 보기 전까지 나는 도시가 비슷비슷한 얼굴을 가졌다고 생각했다. 엇비슷하게 수직으로 뻗은 고층 건물들이 즐비한 대도시가 다 그렇지 뭐, 하고 생각했다. 그러나 이젠 아니다. 마치 서양인의 눈에 중국인, 일본인, 한국인같은 동양인은 모두 비슷하게 보여 항상 내게 "어디서 왔니? 중국? 일본?"하고 물으면 화를 내며 "난 한국인이야!"라고 해놓고 이렇게 무신경한 생각을 했다니. 심지어 세 나라 중 인구가 가장 적은 한국에서도 이렇게나 서로 다른 사람들이 살아가는데…. 사람들은 저마다 특성이 있는 것처럼 도시에도 그런 개성이 있다면, 나는 뉴욕의 격자무늬 같은 사람이 아닐까 생각했다. 모두 다 그런 건 아니지만 적성검사를 할 때에도 그렇고 텔레비전을 보아도 요즘은 다들 창의적이고 활발한 매력으로 가득 찬 사람들만을 원하는 것 같다. 당연한 사실이지만 나는 천재적이지 못하고 평범하다. 게다가 외향적이긴 보단 내성적이기까지 하다. 하지만 비슷비슷한 뉴욕의 빌딩들이 저마다의 매력이 있으면서도 인공적인 도시가 만들어질 때의 그 어울림을 벗어나지 않듯, 나 역시 그렇다. 두바이에 생겨나는 창의적이고 독특한 모양의 건물은 아니지만 바둑판 모양에 맞게 나를 정돈하고 그 위에 성실하게 차곡차곡 쌓아나가는 스타일이다. 게다가 실용적이고 자리에 맞게 딱딱 채워져 있는 것이 내 성향과 꼭 맞아 떨어진다.

회계사가 꿈인 내가 정작 미국에서 발견한 보물같은 곳은 월스트리트보단 락펠러 전망대에서 바라본 뉴욕이다. 뉴욕의 격자무늬처럼 종이에 나눠 만든 표에 가계부를 적듯 계산을 하고 그걸 맞춰보고 꼼꼼하게 채워 넣는 것이 크게 다르지 않다고 느꼈다고 말한다면 친구들은 이해할 수 있을까?

다음 날, 메트로폴리탄의 수많은 그림들 중 몬드리안의 그림을 보았다. 여러 크기의 격자무늬 속에 빨강과 파랑의 색들을 교차시킨 그림이

었다. 백화점 화장실에도 걸려 있고 미술책에도 나와 있는 이 그림이 대체 왜 유명한지 나는 전혀 이해하지 못했었다. 비례와 균형미가 느껴진다는 글을 봐도 공감하지 못했던 내가 어느 새 그림 앞에서 고개를 끄덕이고 있었다. 마치 조감하듯 내려다본 뉴욕의 도시가 몬드리안의 그림 안에 투영된 것처럼 느껴졌다.

브로드웨이+맘마미아

브로드웨이를 대표하는 뮤지컬하면 라이온킹, 위키드, 오페라의 유령, 맘마미아, 렌트 같은 작품들을 꼽을 수 있다. 이 뮤지컬들을 보기 위해 많은 사람들이 타임스퀘어의 TKTS에 길게 줄지어 있다. 바로 뮤지컬을 조금이라도 싸게 보기 위해 할인 티켓을 사려는 줄이다. 비가 와도 좀처럼 줄이 줄지 않는데, 운이 좋으면 50%나 싼 가격에 뮤지컬을 볼 수 있기 때문이다. 뮤지컬은 영국도 유명하지만 영국에서는 미국보다 뮤지컬 요금이 좀 더 싼 것 같다. 특히나 학생 할인이 많아 자리는 2층이라고 해도 더 쌌는데 미국에선 유명한 뮤지컬들은 제일 싼 것들도 50달러 밑으로는 찾기가 힘들다고 한다. 어린 학생들이 뮤지컬을 보기엔 꽤 비싼 가격이다.

뮤지컬 표를 사려고 줄을 서면 하루하루 각각 할인율이 다르기 때문에 보고 싶은 뮤지컬들 몇 개를 손에 꼽고 그 중 가장 좋은 조건의 표를 사면 끝! 그런데 유명한 뮤지컬들은 창구가 열리기 전부터 줄이 있기 때문에 금방 품절이 되고 할인율 역시 크지 않아 사실 미리 예약하는 편이 훨씬 더 좋다고 한다. 나 역시 미리 표를 예매해놓고 일찌감치 타임스퀘어 근처를 구경하며 공연이 시작되길 기다렸다.

이미 TKTS 창구엔 사람들이 바글바글했다. 이렇게 기다리는 사람들에게 호객행위를 하기 위해 직접 배우가 나오기도 하는데 뮤지컬 〈시카고〉에 나오는 배우들이 직접 분장을 마치고 공연복을 입고 나와 기다리던 사람들이 즐거워하며 〈시카고〉 홍보지를 유심히 보기도 했다.

우리나라엔 전용 극장이 별로 없는 것에 반해 뉴욕에는 공연마다 전용 공연장을 갖고 있어 유명한 공연들은 사시사철 그곳에서 공연을 한다고 한다. 특히나 전용 공연장에서만 티켓을 팔기도 하는데 위키드가 바로 그 대표적인 공연이라고 한다. 나 역시 위키드를 보고 싶었는데 공연 표

당일 현장표를 10~50% 할인해서 파는 창구인 TKTS

가 워낙 비쌌다. 나중에 크면 돈 걱정 없이 볼 수 있겠지, 위안하며 다음을 기약할 수밖에. 위키드는 공연 시간 전에 lottery ticket이라고 해서 이름이랑 연락처를 적어두면 공연 한 시간 전에 추첨을 해 앞줄 티켓을 단돈 26.5달러로 볼 수 있다고 한다. 나 역시 적어두었지만 그런 행운은 오지 않았다. ㅠㅠ

하지만 난 이미 〈맘마미아〉를 예약해뒀으니 기죽지 않고 Winter Garden 극장을 향해 걸음을 옮겼다. 영어로 진행되는 뮤지컬인 만큼 무엇을 봐야 가장 좋을까 고민하다가 그나마 친숙한 〈맘마미아〉를 추천받아 예약했다. 이미 영화를 본 터라 스토리도 충분히 알고 있었고 노래도 ABBA의 노래가 영화 내내 나와 부담 없이 볼 수 있지 않을까 생각해 내린 결정이었다.

극장으로 걸어가는 동안 여러 극장들과 수많은 포스터들이 건물 벽에 붙어 있었다. 뮤지컬을 하는 사람들이라면 누구나 서고 싶은 꿈의 무대인 브로드웨이의 공연을 직접 본다는 생각에 발걸음이 더욱 가벼웠다.

사실 브로드웨이 외에도 오프브로드웨이가 있고 오프오프브로드웨이가 있다고 한다. 브로드웨이는 우리가 알고 있듯 뉴욕의 타임스퀘어 광장을 중심으로 하는 브로드웨이 스트리트를 가리키는 곳이고, 오프브로드웨이는 브로드웨이에 비해 소규모 극장에서 이뤄지는 공연들을 뜻한다고 한다. 우리가 아는 유명한 뮤지컬들이 공연되는 곳이 브로드웨이라면 오백석이 안 되는 작은 극장에서 다양한 장르의 작품들이 오프브로드웨이에서 상연되고 이곳에서 인기를 얻고 작품성을 인정받으면 브로드웨이로 진출하는 식이라고 한다. 그리고 오프오프브로드웨이도 있는데, 오프브로드웨이가 브로드웨이의 등용문 형식이라면 오프오프브로드웨이는 그에 정반대되는 뜻으로 생겨난 것이라고 한다. 동쪽 빌리지에 소규모 극장들을 오프오프브로드웨이라고 하는데 관광객들을 대상으로 상업적인 면이 강한 연극을 하는 브로드웨이나 오프브로드웨이에 반해, 무명의 배우들이 무명의 신인작가의 작품들을 상연하는 운동으로 기존의 연극에 질서에 반발하며 실험적인 형식의 연극을 선보이는 곳이라고 한다. 바로 이런 다양한 연극과 뮤지컬을 공연하는 기반 토대들이 있기

때문에 뉴욕이 뮤지컬과 연극의 메카가 될 수 있었던 건 아닐까?

맘마미아가 상연된 극장

화려하고 유명한 뮤지컬들이 관광객들에게 꿈의 무대를 선사하고, 이렇게 탄탄한 무대가 준비운동처럼 열심히 오프브로드웨이에서 기본기를 쌓을 수 있도록 받쳐주고, 기성 공연들에만 안주하지 않고 새로운 실험과 파격적으로 기존의 문법을 깨는 무대들이 오프오프브로드웨이에서 상연되는 다양성이 내심 부러웠다. 게다가 전용 극장들을 갖추고 있다는 사실도 말이다.

드디어 〈맘마미아〉의 공연 시간이 다가왔다. 역시나 이곳에서도 간단한 짐 검사를 하고 입장할 수 있었다. 평일이었는데도 공연장은 꽉 차 있었다. 게다가 우리처럼 어린 관객들을 비롯해 나이가 지긋하신 노인분들까지 다양한 연령대의 관객들이 차있는 걸 보니 〈맘마미아〉가 얼마나 다양한 연령층에서 사랑을 받는 작품인지 알 수 있었다.

다른 뮤지컬 무대와는 달리 〈맘마미아〉는 관객들과 함께 즐기는 무대라는 느낌이 강했다. 다들 노래를 따라 부르기도 하고 흥에 겨워 추임새를 넣는 관객들이 많았다. 게다가 제일 신났던 건 공연이 끝나고 ABBA의 〈댄싱퀸〉을 함께 부를 때였다. 모든 배우들이 무대에 나와 댄싱퀸을 부르는데 갑자기 관객들이 모두 일어난 것이다. 나 역시 엉거주춤 일어났다. 이내 다들 흥겹게 댄싱퀸을 부르며 자리에서 춤을 추는데 얼마나 신이 나던지! 모두 일어나 방방 뛰고 배우들이 추는 춤을 따라 추는 사람들이 많아 나도 덩달아 손가락을 이리저리 찌르면서 디스코를 췄다. 특히나 ABBA의 노래에 익숙한 어른들이 웃으면서 춤을 추는 걸 보니 관객과 함께 하는 무대가 바로 이런 거구나 싶었다. 뮤지컬 하면 엄숙하게 앉아서 심오한 표정을 지으며 봐야 할 것 같지만 이렇

게 신나는 뮤지컬이 있다는 사실에 뮤지컬의 매력에 퐁당 빠졌다! 이래서 다들 뉴욕에 오면 꼭 뮤지컬을 보라고 하는 거구나!

신기한 경험이었다. 뮤지컬에도 영어 대사가 많지만 말은 잘 몰라도 그들의 표정과 몸짓 연기, 노래에 묻어나는 감정으로도 충분히 공감할 수 있다는 사실. 말이 통하지 않아도 인간이라면 누구나 함께 공유하고 즐길 수 있는 것, 그것이 바로 예술의 힘이 아닐까. 공연을 보고 나오는 길, 어둑해진 브로드웨이를 지나 호텔로 돌아가면서 마음 한구석에 남아있던 미국에 대한 두려움이 사라지는 걸 느낀다. 피부색이 다른 백인과 흑인들, 어쩐지 나를 호시탐탐 쳐다보는 것 같은 시선, 혹여나 있을 소매치기와 테러에 대한 두려움, 말이 통하지 않는다는 것과 전혀 다른 공간에 살고 있는 사람들…. 나를 불안하게 만들었던 많은 것들에 나는 여전히 긴장을 하면서도 한편으로 우리는 모두 같은 사람들이라는 생각과, 방식이 조금 다르고 환경이 조금 다를 뿐 '사는 건 다 똑같다'라는 생각이 슬그머니 고개를 든다.

하버드대학교

나는 평소에 영화 보는 걸 좋아한다. 영화중에서도 특히 〈해리포터〉 시리즈는 책으로도 몇 번을 읽고 영화도 새로 나올 때마다 전편까지 연달

HARVARD
Free
WIFI
all harvard

아 다시 볼 정도다. 그런데 이 해리포터 시리즈의 호그와트 기숙사는 하버드의 기숙사를 배경으로 영화가 만들어졌다고 해서 하버드에 가기 전부터 이 기숙사를 눈으로 보게 된다는 기쁨에 가슴이 설레었다. 하버드의 기숙사가 궁금한 학생이라니. 조금 특이하다 생각하기도 하겠지만 해리포터의 팬이라면 이해가 되지 않을까?

하버드 학생인 가이드 분을 만나기로 한 야드엔 네 개의 기숙사가 나란히 있었다. 보자마자 〈해리포터〉의 그리핀도르, 슬리데린, 허플퍼프, 레번클로와 같은 네 개의 기숙사와 비슷하단 느낌이 들어 나는 혼자 실실 웃으며 가이드가 오길 기다렸다. 가이드 선생님 역시 하버드의 여러 건물들을 소개해주며 기숙사 이야길 빼놓지 않았는데, 하버드 학부 생활의 큰 부분을 차지하는 게 바로 기숙사라고 한다. 다른 대학과 달리 하버드 학생의 99%가 기숙사에서 4년 내내 생활을 하는데, 첫 1년 동안에는 야드라 불리는 이 건물들을 사용한다며 말을 이었다. 학교 내부에 기숙사가 있는 만큼, 수업 시간 5분 전에 일어나도 강의에 지각하지 않는다며 농담을 던졌다. 자신은 학부 생활을 한국에서 하고 대학원부터 하버드에서 있게 되어 이곳에서 생활을 하진 못했지만 기숙사 학생모임을 시작으로 학교에서 멘토를 배정해주고 동아리 축제도 열리며 공식적으로 오리엔테이션도 열리고 많은 사람을 만날 수 있는 기회가 주어진다고 한다. 게다가 수시로 간식과 다과를 주기 때문에 도서관에서 공부를 하다 지친

학생들이 야식을 먹으며 대화를 자주 한다고도 했다. 와, 이거 정말 해리포터랑 비슷하잖아!

내가 해리포터 이야기를 하자 고개를 끄덕이며 해리포터에서처럼 기숙사 역시 랜덤으로 배정된다고 했다. 해당 기숙사로 발표가 나기 전까지는 어디에 배정되는지 알 수 없고 기숙사 건물마다 특징이 강하고 기숙사 내 스포츠 팀에서 활동하는 경우도 있어 다들 배정에 관심을 각별한 쏟는다고 말이다. 게다가 기숙사별로 다양한 홍보 영상도 만들고 뮤직비디오나 영화 트레일러를 패러디한 영상물까지 제작하는 걸 보고 있으면 참 재밌는 학교 생활을 할 수 있을 것 같아 하버드가 부쩍이나 친근해지고 정말이지 꼭 오고 싶어졌다.

이것뿐만 아니라 하버드 대학교에 식당이 있는데 해리포터에 나온 식당이 이 식당을 본 딴 것이라고 한다. 그런데 영국의 옥스퍼드 대학교에 갔을 때 옥스퍼드 식당도 해리포터에서 응용했다고 한다. 그래서 해리포터에 나온 식당이 하버드대학교와 옥스퍼드대학교가 서로 자기 학교의 식당이라고 한다는데 왠지 명문대끼리의 작은 기싸움(?)이 귀엽게 느껴졌다.

하버드 대학교는 아이비리그 8개 명문 대학 중 하나다. 아이비리그는 미국 동부에 있는 학교 8개를 가리키는 말인데 브라운, 콜롬비아, 코넬, 하버드, 펜실베니아, 프린스턴, 예일 대학이 그들이다. 이 대학들이 모여

서 스포츠 경기 리그를 결성해 매년 대회를 여는데 신경전 역시 장난이 아니라고 한다. 이 리그는 돌아가면서 각 학교에서 주최를 하는데 다들 자존심을 걸고 싸우기 때문에 이때가 되면 학교 전체가 시끌벅적해진다고 한다.

다음으로 우리가 찾은 곳은 도서관이었다. 하버드 도서관 안에는 구텐베르크가 찍은 귀한 성경이 있다고 한다. 186부중에 46부만 멀쩡한데 그중 한권이 하버드 대학교에 있는 성경책이라고 한다. 이 책은 현재 돈으로 환산하면 300억 정도 된다니 어마어마하다. 우리나라의 직지심체요절 인쇄술이 구텐베르크 인쇄술보다 더 앞섰지만 구텐베르크 인쇄술이 더 알려져 있어 아쉬웠다.

하버드대학교 도서관에는 하버드를 다녔던 사람이 기증을 한 책들과 시가 300억이 되는 성경책이 보관되고 있는 것을 보면 확실히 학생들이 학교에 긍지를 갖고 해주고 그런 긍지가 더욱 하버드를 명문 대학으로 만들어주는 건 아닐까? 똑똑한 학생들이 이곳에 오고 졸업한 후에 유명한 사람이 된 이후에도 변함없이 학교에 쏟는 애정이 남다른 것도 모두 이 때문이다.

하버드 학생을 만나서 대학 생활에 대해 이것저것 물었다. 사실 우리 언니는 올해 스무 살로 갓 대학에 들어간 신입생이라 언니가 대학에 대해 이런저런 말을 해주는 것을 들으면서 대학에 대해 여러 상상을 해보곤 했다. 고등학교 때에 비해 자유시간도 많아서 동아리 활동이나 취미 생활을 할 수 있는 시간이 많다고 하면서 대학교 동아리에 대해서도 얘기해 주었다. 여행을 다니는 동아리와 기타를 치는 모임, 연극을 하는 동아리도 있고 모여서 스터디를 하는 사람들도 있고 쉽게 접하기 힘든 패러글라이딩, 요트, 스킨스쿠버 등 다양한 것들이 있다며 대학에만 가게 되면 즐거운 일들이 가득할 거라면서도 자유에 따른 책임감에 대해서도 말해주곤 했다. 하버드도 비슷한지 궁금했다.

하버드 대학교엔 여러 유명한 동아리들이 있는데 그 중 하나가 신문동아리라고 한다. 또, 하버드에는 많은 학과가 있어서 직업을 고를 수 있는 선택의 폭이 넓다고 한다. 그리고 영화 〈소셜네트워크〉에 나오는 것처럼 소수만이 비공개로 초대되어 선발되는 파이널 클럽도 유명하다고 해주었다. 하버드엔 한인 학생 모임도 있는데 이 모임을 비롯해 여러 모임과 동아리 활동들이 사실은 네트워크로 이루어져 있어 동문들을 하나로 묶어주는 가장 큰 힘이라고 한다. 이들은 졸업 이후에도 교류를 하며 인적네트워크를 쌓아간다고.

흔히들 하버드 대학교라고 하면 공부벌레들만 모여 있는 곳이라고 생각한다. 그래서 하버드 대학교에 들어가면 딱딱한 느낌이 들 것 같았다. 그런데 예상 외로 편안하고 자유로운 느낌이 들었다. 한국에서는 잔디

안에 들어가지 말라는 표지판이 많지만 하버드대학교 안에서는 잔디밭에 들어가 햇빛을 쬐거나 의자에 앉아서 신문이나 책을 읽고 있었다. 딱딱한 줄만 알았는데 별로 그렇지 않아서 하버드가 달라보였다.

이런 풍경들을 보며 내가 대학생이 되면 어떨까? 하는 기분 좋은 상상에 빠졌다. 역시 그냥 상상만 하는 것보다 직접 보고 분위기를 느끼면 좀 더 힘도 나고 용기를 얻는 것 같다. 게다가 얼른 나도 그렇게 되고 싶다는 동기부여까지 되면서 의욕이 불끈 솟는다.

퀸시 마켓

퀸시 마켓은 보스턴 대부분의 건물들처럼 로마나 유럽풍의 건물 안에 있는 재래시장이다. 2층으로 된 직사각형의 건물은 긴 복도처럼 이어져 있다. 유럽식 아케이드 같기도 하고 큰 상가 같기도 하다. 이래 보여도 170년이나 된 오래된 시장인데 피자나 쿠키 같은 먹거리부터 시작해 해산물이 전문인 유명한 레스토랑들이 이곳에 있다. 우리나라의 재래시장 하면 각종 채소들과 생선들, 고기부터 시작해 떡볶이, 순대, 파전, 닭강정과 같은 음식들이 떠오르는 것처럼 이곳은 컵케이크부터 시작해 미국식 시장표 음식들을 파는 셈이다. 북적북적대는 인파를 따라 걷다보면 어느새 그 긴 복도를 지나 퀸시 마켓을 돌아보게 된다. 요즘 우리나라의 재래시장에 사람이 없는 것과 반대로 보스턴의 재래시장은 관광지화 되어 유명세를 타고 있다. 게다가 시민의 휴식처라고도 하니 부럽기만 하다.

도시의 한 블록 전체가 시장을 이루고 있는데 가운데의 퀸시 마켓을 두고 왼쪽과 오른쪽에도 건물이 들어서 있어 멀리서 보면 세로로 된 세 개의 건물과 간격을 두고 가로로 된 하나의 건물이 거대한 쇼핑센터를 이루고 있다. 건물들 가운데엔 노점상들이 볼거리를 제공한다. 가운데 건물이 식당가라고 한다면 나머지 양 옆의 건물과 끝에 있는 건물은 쇼핑을 할 수 있는 곳이다.

우리가 아는 아베크롬비나 나이키 같은 의류 매장부터 예쁜 인테리어 소품과 신기한 물건들을 파는 가게들이 줄지어 있다. 나는 그 중에서 크리스마스용품을 파는 매장에 들어가 호두까기인형들을 구경했다. 호두까기인형에 보스턴의 야구팀인 보스턴 레드삭스 유니폼을 입혀놓았는데 빨간 양말들과 있으니 완전 귀여워! 한여름에 크리스마스 용품점이라니. 이층엔 할로윈 제품들도 전시해놓았는데 파티 문화가 발달한 곳이라 그런지 다양한 물건들과 장식품을 구경하느라 시간이 가는 줄도 몰랐다. 가끔 미국 드라마에 보면 집에서 파티를 여는 걸 볼 때마다 좀 부럽기도 했는데 돌아가면 이번 크리스마스엔 크리스마스 장식도 해놓고 친구들이랑 같이 모여 밥도 먹고 내가 좋아하는 해리포터 영화도 연속으로 틀어놓고 시시덕거리고 싶다는 생각이 들었다.

QUINCY
BOSTON STRONG
SUPPORT
ONEFUNDBOSTON.ORG

RKET
SHOP, DINE & EXPERIENCE
Summer
Blink!
A Light & Sound Extravaganza
Nightly performances through Labor Day
FANEUILHALLMARKETPLACE.COM
Boston, you're my home...

퀸시 마켓에는 많은 먹거리들이 있다. 우리나라에서 볼 수 없는 큰 크기의 피자나 네모 모양의 피자부터 시작해 쿠키, 핫도그, 아이스크림, 젤리 등 간식거리들이 너무나 많았다. 그리고 건물 가운데엔 동그란 원형 모양으로 1층과 2층에 마치 푸드코트처럼 앉아서 먹을 수 있는 공간이 있다. 바다와 인접한 보스턴의 지리적 특성상 해산물 요리도 많았다. 쓱 둘러보니 브래드볼에 스프를 먹거나 샌드위치를 먹는 사람이 많았다. 샌드위치를 먹어볼까 해서 가게들을 돌아보다가 랍스터 샌드위치가 먹어보고 싶었다. 우리나라에선 랍스터가 꽤 비싼데 여기선 샌드위치 재료라니! 그래도 랍스터는 랍스터. 비싸긴 비쌌다. 상대적으로 싸다곤 해도 여전히 가난한 여행자에겐 꺼려지는 물건이 너무 많다. 흑흑. 뭔가를 사려고 보면 미국의 물가에 새삼 놀라게 된다. 다른 것들도 맛있어 보이는 것들은 많았지만 결국 사먹진 않았다. 크기가 너무 커서 혼자 먹기도 힘들어보였기 때문이었다. 게다가 계산하려고 할 때마다 종류도 많고 구별하기도 힘들어서 지갑을 불룩하게 만드는 동전들을 처리하고 싶었는데 긴 줄과 바빠 보이는 종업원의 눈치를 보다가 매번 지폐를 꺼내게 되니, 동전이 늘어나는 것이 싫었다. 그

뿐이 아니었다. 우리나라처럼 애초에 물건 가격에 소비세가 붙어 나오면 편할 텐데 왜 계산할 때 세금이 더해지는 건지! 안 그래도 물건들이 비싸서 고민고민하다 물건을 집어 계산대에 올려놨다 더 비싸진 가격 때문에 다시 제자리로 돌려놓기 일쑤였다.

그런데 꼭 랍스터를 먹어야 한다는 델 지나치고 보니 이게 웬걸, 내 코에는 음식 냄새보다 좋은 향초 냄새로 가득한 곳이 있었다. 미국에 가면 양키캔들을 사다 달라는 언니의 부탁을 받았었는데 우리가 아는 브랜드 외에도 좋은 향초들이 얼마나 많았는지. 그리고 그 향초들은 다 보스턴 퀸시마켓의 지하에 있었다. 이 향도, 저 향도, 모두 좋아 선물을 고르기 위해 추천을 해달라고 했더니 직원이 내게 어울릴 것 같다며 하나를 추천해주기도 했다. 풋풋한 야생화의 향기가 나는 것이 꼭 작은 정원에 들어와있는 기분이 들게 하는 향초였다. 예로부터 뉴잉글랜드 지방은 손으로 만든 양초가 유명하다며 선물용으로 좋을 거라는 말도 덧붙여주었다.

이것 외에도 우리나라의 노점들처럼 여기에도 바퀴 달린 작은 수레에 기념품이나 물건들을 판매하는 사람들이 거리마다 넘쳐났다. 물건을 파는 상인들마다 특이하게 귀걸이만 파는 사람도 있었고, 접시만 파는 사람, 시장에서처럼 과일을 팔거나 꽃을 파는 사람도 있었다. 자기가 직접 그린 그림을 그린 사람도 많았다. 옛 보스턴 거리를 그리는 사람도 있었는데 마음에 들어 엽서 형태로 된 작은 그림을 하나 샀다. 옛날 보스턴 거리와 지금의 보스턴 거리는 크게 달라지지 않은 것 같아 보였다. 유럽이나 미국이나 옛날 도시의 모양을 현재까지 그대로 유지하는 동네가 꽤 있다는 게 신기했다. 퀸시마켓 안 뿐만 아니라 거리에도 사람이 가득찰 정도로 많았다. 다들 저마다 관심 있는 것들을 사거나 구경하면서 의자에 앉아 쉬기도 하면서 아이스크림이나 커피를 마시고 있었다. 왠지 사람들이 많기는 하지만 싫지 않았다. 오히려 한가롭게 느껴지기까지 했다.

다시 마켓 밖으로 나오자 입구를 둘러싸고 있는 인파가 보였다. 길거리 공연을 보려고 사람들이 몰려든 것이다. 마켓 곳곳엔 길거리 공연들이 펼쳐지고 있었는데 비보잉을 하는 댄스팀도 있었고 마술을 공연하는 팀도 있었다. 나는 그 팀들을 지나 재활용품을 이용해 드럼처럼 연주를 하는 팀을 구경했다. 꼭 난타를 보는 것 같았다. 우리나라에서 처음 난타 공연을 했던 것에 영향을 받았을 거야! 이렇게 생각하니 괜히 혼자 어깨가 으쓱해져 리듬을 따라 더 신나게 박수를 쳤다.

뉴욕에 비해 보스턴은 참 살기 좋은 곳이라는 느낌이 들었다. 정신없이 빠르게 움직여야 했던 뉴욕에 비해 보스턴은 깨끗하고 자유로운 느낌이었다. 길거리에서 거리 공연을 하는 사람들에게 호응해주는 것도 뉴욕보다 좋았고 사람들의 입가에 웃음도 끊이질 않으니 말이다.

NORTH
MARKET
BUILDING
6
OFFICES
FUN
FASHION
IS A
BEAR
ESSENTIAL

MIJA
Cantina & Tequila Bar

국경

나이아가라 폭포를 보기 위해 미국에서 캐나다로 버스를 타고 국경을 넘는 길. 마치 고속도로의 톨게이트 같은곳이었는데 버스에서 내려서 작은 건물 안으로 들어가서 여권검사를 하였다. 국경을 넘고 여권을 확인하는 곳이라는 긴장감이 느껴지지 않는 단층 건물이었다. 건물도 얼마나 단촐한지. 직원도 단 한 명뿐이었다. 물론 일하는 사람들이 더 많겠지만 우리가 갔을 때엔 한 사람만이 지키고 있다 우리를 보고서야 다른 한 사람이 더 나온 것이 전부였다. 게다가 공항에서처럼 세관신고서를 작성하거나 짐 검사 역시 하지 않았다. 미국에 들어왔을 때 두 번씩이나 짐을 검사한 것에 비하면 어쩐지 허무해지기까지 했다. 미국에서 캐나다로 국경을 넘는 사람이 별로 없어서 그런 걸까?

어쨌거나 맨몸으로 여권만 들고 줄을 서서 그래도 나름 긴장을 하고 있었는데 직원이 "Hi!"하고 말을 하며 얼굴 한번 보고 도장 쾅! 나는 이게 끝인가 싶어 눈알을 굴리며 옆으로 자리를 옮겼다. 이게 끝? 정말 끝? 정말 끝이었다. 국경을 넘는 일이 이렇게 간단하다는 게 어안이 벙벙했다. 문득 나는 북한과 국경을 접한 휴전선이 생각났다. 내 나라 내 민족이 사는 곳인데도 반세기가 넘도록 오고가기가 힘들었던 걸 생각하니 괜히 서글퍼지기까지 했다.

숙소

빠듯한 일정 탓에 미국에서 한 도시에 오래 머물지 못하고 여러 도시들을 경유해야 했다. 어떤 도시에선 1박 2일만 머무르기도 해서 숙소를 옮겼는데 호텔들마다 모두 마음에 들었다. 우리나라 호텔도 신발을 신고 들어가야 하는 곳도 있는데 보통은 호텔이라고 해도 신발을 벗는 경우도 많은데 미국의 호텔은 다 신발을 신고 들어가야 했다. 유럽도 호스텔이나 호텔을 다닐 때엔 늘 안에서 신는 슬리퍼를 챙겨 다녔었는데 이렇게 작은 것들 하나에서도 생활 방식의 차이가 느껴졌다. 사실 난 평소엔 양반다리가 더 편해 의자에서도 양반다리를 하고 앉을 때도 있는데, 호텔에서도 신발을 신고 돌아다니다 보니 자연스럽게 의자나 침대에 걸터앉게 되는 거였다. 외국 사람들은 양반다리를 힘들어 하고 잘 못한다고 들었는데, 아마 우리처럼 신발을 벗고 바닥에 앉는 게 아니라 의자에 앉는 경우가 많으니 그런가 보다.

또 하나 특이했던 건 우리나라는 천장이 벽지로 덮여 있는데 미국 호텔은 천장이 종이로 덮여 있지 않아서 신기했다. 그건 벽도 마찬가지였다. 미국은 호텔도 그렇고 가게들도 벽지를 바르기보단 대부분 페인트칠을 했다. 그래서 그런 걸까? 벽의 색깔도 다양했다.

뭐니 뭐니 해도 여행을 다니며 내가 제일 좋아하는 건 호텔 수영장인데 바쁜 일정 속에서도 두 번이나 수영장에서 놀았던 게 좋았다. 여행을 다닌다는 건 설레는 일이지만 힘든 여정이다. 관광지들을 둘러보려면 열심히 걸어야 하기 때문이다. 그래서 숙소에 오면 녹초가 되어 뻗고 마는데 그래도 그냥 자는 것보다 수영을 하고 나면 오히려 더 피로가 풀렸다.

UNITED NATIONS
New York

NATIONS UNIES
Genève

The Universal Declaration of Human Rights
Illustration by Octavio Roth

안녕하세요, 저는 UN 본부를 다녀간 이민재라고 합니다.
제가 보고 나서 느낀 점은 모든 사람들은 자유로운 존재로
태어났고 평등하고 인간은 권리가 있다고 생각합니다.
하지만 그렇지 않는 나라도 있습니다, 예를 들어
인도는 카스트제도 때문에 계급간 차별이
매우 심합니다. 인도에서는 인간 취급도 해주지
않습니다, 제가 UN 본부에 바라는 점은 아프리카,
인도와 같이 빈부 격차가 크거나 잘 살지
못하는 나라를 더 적극적으로 도와 언젠가는
모든 인간이 평등해지고 세계에 평화가 오기를 기다리겠습니다.
감사합니다.

9 780000 025012

EMPIRE STATE
PENNSYLVANIA

상상이 곧 현실이 되는 MIT에서 내 미래를

이민재 미래의 수학자

MIT에 도착했을 때 나는 슈퍼마켓이 아니더라도 수학적인 것들로 의사소통을 하는 사람들이 이곳에 있다고 생각하니 설렘이 커졌다. 여기선 수학을 좋아하느냐고 물어도 "어떻게 수학을 안 좋아할 수 있어?"라면서 당연한 표정을 지을지도 모른다. 그런 사람들이 모여 있는 곳일 테니까 말이다.

링컨터널

알다시피 뉴욕은 다섯 개의 섬이 합쳐진 도시다. 우리가 흔히 알고 있는 뉴욕은 맨하탄이고 맨하탄을 비롯해 브루클린, 퀸즈, 브롱크스, 스태튼 아일랜드 모두 뉴욕이다. 내가 머물렀던 숙소는 뉴저지 주에 있는 호텔이었는데, 주가 다르다곤 해도 바로 터널 하나를 건너면 맨하탄이었다. 창밖으로 바로 보이는 맨하탄의 풍경을 볼 수 있어서 오히려 더 만족스러웠다.

매일 아침과 저녁, 뉴저지에서 맨하탄으로, 맨하탄에서 뉴저지로 이동할 때 터널을 지나곤 했는데 첫날은 그저 별 생각 없이 지난 이 터널이 새삼 이상했다. 섬으로 이루어진 주가 뉴욕 주인데 뉴저지에서 뉴욕을 지날 때 어떻게 터널로 지나갔지? 보통 다리를 건널 순 있어도 터널을 지날 수도 있나?

둘째 날, 나는 창문에 딱 달라붙어 터널을 살폈다. 오래되고 낡은 터널은 좁고 더러워 보였다. 대체 이 터널은 뭐냐고! 숙소에 도착하자마자 인터넷을 연결해 뉴저지와 뉴욕을 잇는 터널을 검색해 보았다. 그 터널은 1937년에 만들어진 링컨터널이라고 했다. 허드슨 강 밑을 지나는 그 터널은 말 그대로 해저터널이었다. 해저터널! 부산과 일본을 연결하는 해저터널이 생길지도 모른다는 신문기사를 본 게 작년이었나? 그때에도 그게 가능한 거 맞아? 라며 미래의 기술이 아니라 현재 가능한 기술이라는 사실에 가슴이 벅찼었는데 그게 1937년도에 이미 만들어졌다니! 터널에 들어갈 재료를 따로따로 미리 만들어놓은 다음 허드슨 강에서 조립한 후에 터널에 찬 물을 빼냈단다.

링컨터널이 낡아 보인 이유가 있었다. 1937년도면 우리나라가 일제 강점기 시절이었고, 1900년 즈음에야 전차가 처음 조선에 생겼다는데 그 때 이 사람들은 이미 새로운 상상들을 실현해내고 있었던 것이다. 시골에 갈 때마다 산을 뚫어 만든 터널을 지나곤 했는데 그 때마다 어머니는 터널 공기가 기관지에 안 좋다며 창문을 닫으라고 했다. 링컨 터널은 공기를 순환시키는 시스템을 사용해 외부 공기와 터널 내의 공기가 순환하는데 90초밖에 걸리지 않는다는 것까지! 놀라움의 연속이었다. 이런 링컨터널을 짓는데 치밀한 수학적 계산과 수많은 시뮬레이션을 통해 지금까지 사용할 정도로 완벽한 터널을 지은 거라고 하니, 결국 뉴욕은 곳곳에 수학이 묻어나는 도시라는 애초의 내 생각이 틀리지 않았다.

911 테러 이후 다시 뉴욕의 최고층 빌딩이라는 타이틀을 되찾은 엠파이어 스테이트 빌딩 역시 마찬가지다. 락펠러 센터처럼 1931년도에 만들어진 건물이 이제껏 뉴욕의 가장 높은 빌딩이라니. 미국의 1930년대는 대체 어땠을까? 여기저기에서 빌딩을 짓고 도시를 만들어가는 그 시대의 활력이 눈에 선하다. 그곳에 쏟아 부은 실험과 혁신들이 뉴욕을 만든 것이니까 말이다. 그 시절 우리나라에서 만든 건물은 5층 높이의 화신백화점이었는데 일제 강점기에 이런 건물을 만들고 당시 사람들은 대단하다고 느꼈겠지만 그에 비교가 되지 않을 정도로 미국의 건축은 새로운 역사를 쓰고 있었던 셈이다.

엠파이어 스테이트 빌딩은 좌우 대칭에 반듯한 102층의 높이로 위풍당당하게 서 있다. 1945년 제 2차 세계 대전이 끝나갈 무렵, 폭격기가 충돌했지만 폭격기가 부서질 만큼 단단하고 구조도 섬세하다고 한다. 1930년도에 지어진 건물이 지금까지도 아무 문제없이 버티고 있는 것이다. 당시 최첨단 건축 기술을 총동원했다는데 그 기술은 요즘의 건축 공법에도 쓰일 정도라고 한다. 이러한 기념비적인 건축물을 볼 때마다 수학적 비율이라든가 삼각비 같은 것들이 자연스럽게 떠오른다. 고층 건물일수록 구조적으로 안정된 형태를 잡는 것이 중요한데 그러기 위해선 치밀한 수학적 계산이 바탕이 되어야 하기 때문이다. 그렇다고 단순히 수직적이거나 수평적인 하중만을 계산한다고 생각하면 오산이다. 과거 피라미드의 건축에도 삼각비가 활용됐다고 하는 내용이 수학 교과서에도 나오는 것처럼 수학은 우리 생활 속에 정교하게 숨어 있는 학문이다.

엠파이어 스테이트 빌딩 위에서 바라본 뉴욕은 직사각형의 형태를 띠고 있다. 뉴욕은 에비뉴(Ave.)와 스트리트(st.)로 나누어져 있는데 에비뉴는 남북으로 36가까지, 스트리트는 동서로 220가까지이다. 에비뉴는 숫자가 낮아질수록 서쪽으로, 스트리트는 남쪽으로 간다. 그래서 뉴욕은 마치 바둑판처럼 좌표가 정해진 것 같은 느낌을 주는데 길찾기도 쉬운 편이다. 왠지 이 위에 올라와 뉴욕을 보고 있자니 뉴욕이 다시 한 번 수학적 매력이 가득한 도시라는 생각이 들었다. 만약 뉴욕이 정사각형 모양이라면 어땠을까? 길을 걷는 동안 그 일정한 비율에 어쩐지 지겹진 않았을까? 길게 뻗은 에비뉴보다 스트리트를 걷는 것이 더 매력적인 뉴욕의 길거리를 생각해보면 더 그렇다. 에비뉴보다 짧은 스트리트를 걸으며 에비뉴를 지날 때마다 도로의 분위기가 바뀌고 구역이 바뀌는 게 얼마나 매력적인지. 뉴욕의 전체 도시 구조가 황금비율이라는 1:1.7처럼 느껴질 정도로 조화롭게 설계되었다고 한다.

전망대에서 내려다 보면 길을 따라 줄지어 선 노란 택시들. 노란 택시의 점들을 이으면 바둑판 모양의 길이 더욱 뚜렷하게 보였다. 노란 택시 위에 광고가 있었는데 내가 본 광고는 거의 다 담배 광고였다.

엠파이어 스테이트 빌딩 위에서 뉴욕의 야경을 쳐다보진 못했지만, 뉴욕의 밤거리에서 본 엠파이어 스테이트 빌딩도 아름다웠다. 낮에는 이성적이고 수학적인 엠파이어 스테이트의 모습이 내게 다가왔다면, 하양고 노란 불빛이 반짝이는 밤의 엠파이어 스테이트 빌딩은 감성적이고 로맨틱했다. 해질 무렵부터 자정까지 켜 놓는 꼭대기의 불빛 색깔은 계절마다 바뀐다고 한다. 크리스마스 기간에는 시즌에 맞춰 빨강과 초록, 봄에는 노랑과 하양, 이런 식으로 말이다. 놀라운 건 이렇게 조명을 바꿔온 것이 벌써 몇십 년이

되어 가는데 컴퓨터로 조작해서 바꾸는 것이 아니라 일일이 사람이 직접 수작업을 한다고 한다. 1년에 200번 쯤 조명등의 색깔 렌즈를 바꿔 끼운다는 말에 놀랐다. 이제는 컴퓨터로 조작할 수 있게 바꾸고 있다고 하는데 매 계절마다 저 꼭대기에 올라가 전구를 갈아 끼우던 기술자들을 생각하면 나도 모르게 아찔한 현기증이 인다.

엠파이어 스테이트 빌딩은 계절 이외에도 의미 있는 사건이나 행사가 있을 때에도 조명 색을 바꾸곤 했다고 한다. 9.11 테러 이후 몇 달간은 죽은 이들을 위로하는 의미에서 성조기에 사용된 세 가지 색을, 영화 〈킹콩〉의 인상적인 장면을 함께 했던 여주인공 페이 레이가 사망했을 때엔 15분간 조명을 끄고 어둠 속에서 그녀를 기렸다고 한다. 수학적이고 정밀한 계산으로 지어졌고, 1972년까지 뉴욕의 가장 높은 마천루를 담당한 엠파이어 스테이트 빌딩은 영화 속에 등장한 것처럼 따뜻하고 로맨틱한, 여전히 아날로그적인 마음을 울리는 건물이라 뉴욕을 넘어 세계인의 사랑을 받는 게 아닐까.

그랜드 센트럴 터미널

리처드 카벤디쉬가 지은 '죽기 전에 꼭 봐야 할 세계 역사 유적 1001'엔 뉴욕의 여러 건물들이 나오는데 이중 하나가 바로 웅장하고 화려한 뉴욕의 중앙역, 그랜드 센트럴 터미널이다. 뉴욕의 유명한 건물들 하면 엠파이어 스테이트 빌딩이나 락펠러 센터, 타임 워너 빌딩과 크라이슬러 빌딩 등 수많은 근대 건축의 백미들이 많지만 1913년에 완공된 그랜드 센트럴 터미널 역시 뉴욕이 자랑하는 훌륭한 건축물 중 하나다.

렉싱턴 에비뉴와 메디슨 에비뉴 사이의 42가에 위치한 이 기차역은 현재 남아 있는 뉴욕 황금시대의 마지막 건물이다. 44개의 플랫폼에 67개의 트랙을 지닌, 650편 이상의 기차가 출발하고 도착하는 엄청난 크기의 건축물이다. 내게는 조금 생소한 보자르 양식으로 지어진 이곳은 화강암과 대리석으로 지어졌는데 크기도 크기지만 외관의 고풍스러운 아름다움에 끌리듯 안으로 들어섰다. 꼭 유럽의 성전처럼 생긴 건물은 근처의 크라이슬러 빌딩이나 다른 도시적인 분위기와 뒤섞여 색다른 분위기를 자아내고 있었다.

수많은 영화 속에서 만남과 이별의 순간마다 나오던 그랜드 센트럴 터미널은 들어가자마자 커다랗고 둥그런 아치형의 창 세 개에서 들어오는 하얀 빛과 내부의 은은한 크림색의 노란빛 조명으로 따뜻한 분위기를 자아낸다. 수많은 사람들이 광장처럼 이곳을 지나고 있었다. 타임스퀘어에서 정신없이 관광객들의 인파에 휩쓸려 걸었던 것에 비하면 뉴욕의 활기와 진짜 뉴요커들을 만날 수 있는 곳이 바로 여기다. 하긴, 뉴요커뿐일까. 다른 주로 떠나는 사람들과 다른 주에서 기차를 타고 뉴욕으로 들어오는

사람들이 빠르게 발걸음을 옮기고 있었다. 매일 75만 명 이상의 사람들이 이곳을 지난다고 한다.

올해로 100주년이 된 그랜드 센트럴 터미널은 타임스퀘어 다음으로 관광객들이 많이 찾는 곳이기도 하지만 아침 출근 시간에는 1분에 한 대꼴로 열차들이 도착할 만큼 교통의 허브 역할을 하고 있다. 하지만 단순히 지금의 기차역이 아니라 이전의 증기기관차역이었던 시대와 1913년에 새롭게 문을 열었던 초창기를 떠올리면 교통뿐만 아니라 문화의 중심지였을 것이다. 고급 교통수단이었던 기차가 지나는 곳에 맞춰 고급 갤러리들과 극장 등이 주변에 있어 상류층들이 이곳을 지나곤 했을 것이다.

그랜드 센트럴 터미널은 고개를 들어 천장을 바라보면 아치형의 돔에 수많은 별자리들이 박혀 있다. 푸른빛의 하늘을 형상화한 하늘에 수놓아진 별자리들…. 물고기자리도 보이고 게자리, 쌍둥이자리와 같이 유명한 별자리들을 보고 있으니 지상의 기차역이 아니라 은하철도 999가 나를 기다릴 것만 같은 기분이 든다. 이 별자리는 10월부터 3월까지 지중해 하늘에 떠있는 별들을 형상화했다고 하는데 뉴욕이란 도시가 갖는 로

맨틱함의 최고점을 보여주는 듯하다. 아치형 채광창을 통해 들어온 온화한 빛과 청록빛 중앙 홀 천장에 수놓인 금빛의 별자리들. 게다가 자세히 보면 중간중간 반짝이는 느낌이 들기까지 한다. 프랑스 예술가 파울 헬류(Paul Helleu)가 만든 별자리인데 2500개가 넘는 별들로 구성되어 있다고 한다.

한 가지 특이한 것은 별자리가 땅에서 바라보는 방향이 아니라, 우주 밖에서 바라보는 방향으로 그려졌다는 것이다. 작가의 실수라는 말도 있지만 중세시대 천체 밖에서 별자리를 바라본 것에 영감을 받아 제작했다는 설도 있는데 이유가 뭐든 난 좋았다. 더 큰 우주에서 바라본 별자리를 실내의 공간에서 밖을 보듯 볼 수 있다는 게 더 신비로우니까 말이다. 양쪽 대리석 계단은 파리의 오페라 하우스를 본 떠 만들었다고 한다. 그러고 보니 건물의 분위기도 그렇고 외관도 파리풍의 유럽식 느낌이 강했다.

이곳에 유명한 것들이 몇 가지가 있는데, 기차역답게 먹거리 가득한 푸드코트가 그 중 하나다. 컵케이크로 유명한 매그놀리아 컵케이크 가게를 비롯해 유명한 가게들이 많다곤 했지만 내 입맛이 딱 남자입맛이라 그런지 이미 진작 먹어본 컵케이크는 그냥 달기만 했기 때문에 그냥 패스.

중앙홀 가운데엔 안내 데스크가 있는데 바로 이곳이 우리로 따지면 만남의 광장 역할을 하는 곳이라고 한다. 센트럴파크에 있는 동물들이 뉴욕 시내로 탈출한 애니메이션 영화인 〈마다가스카〉에도 그랜드 센트럴 터미널이 나오는데, 바로 이 중앙홀에서 이들이 체포된다. 멜먼이 머리에 쓰고 있던 시계가 바로 안내 데스크임을 알려주듯 빛을 내고 있었다. 기차역을 상징하는 아이콘인 이 시계는 사실 별 것 아닌 것처럼 보이지만 감정가 2천만 달러(이 시계가 왜 2천만 달러나 하는 줄 몰라 물어보니 티파니 유리로 만들어졌다고 한다. 이 이야기를 듣고도 여전히 난 왜 그렇게 비싼지 이해가 가지 않았지만)에 달한다고 한다. 어쨌거나 사면체의 시계가 옛스러운 분위기를 한층 더 자아내는 건 분명했다. 영화에선 기린 머리에 씌워져 있던 이 시계에서 눈을 떼고 안내 데스크의 직원에게 그 유명한 기둥은 어디에 있는지 물었다. 친절하게 중앙홀 옆길을 따라 걸으라는 그의 조언에 따라 발길을 옮겼다.

마치 굴다리처럼 보이는 이곳에 오면 싱싱한 굴로 유명한 오이스터 바가 있는데, 꼭 굴을 먹기 위해서가 아니라도 바로 이곳이 그랜드 센트럴 터미널을 관광지로 만드는 마지막 재미가 숨어 있다고 해서 꼭 와보고 싶었던 곳이었다. 이 굴다리를 지탱하는 벽에 대각선으로 서서 말을 하면 반대편에서 들린다고 한다. 그래서인지 근처에는 사람들이 모여 줄을 서 있었다. 아마 목소리가 위의 천장을 타고 반대편으로 전달해주는 원리(?)가 아닐까 추측해보긴 하지만 정확한 건 알 수 없다. 실 전화도 아니고 대각선쪽 벽에서 들리는 건 대체 뭘까?

이 풀리지 않는 미스테리를 뒤로 하고 다음 목적지를 향해 떠나야 할 시간이었다. 다시 중앙홀로 나와 나도 여행자들 틈에 섞여 보았다. 표를 사는 곳엔 마치 오래된 공항이나 기차역처럼 검은색 전광판에 노란색 글씨가 박혀 있고 글씨체마저 옛날 느낌이 가득했다. 1930년대를 연상시키는 내부 분위기를 유지하기 위해 일부러 이렇게 꾸며놓은 것이겠지만 순간 이곳에 뉴욕의 30년대가 보존되어 있다는 생각이 들었다. 오래된 건물이 이렇게 아름답게 남아있다는 사실에서 뉴욕의 과거와 현재, 그리고 미래를 고스란히 한 건물에 담을 수 있다는 게 얼마나 멋진지 모르겠다. 우리나라의 서울역 역시 외관은 그대로 두고 그 안에서 새롭게 전시도 열고 이런저런 용도로 쓰고 있는 것처럼 말이다.

〈레 미제라블〉의 작가 빅토르 위고는 "역사는 책으로도 쓸 수 있지만 건축으로도 쓸 수 있다"고 말했다는데 오래된 건물들은 모두가 그렇겠지만 특히나 기차역에서 오가던 사람들의 수많은 스토리가 백 년이나 쌓여있는 곳이 바로 그랜드 센트럴 터미널인 셈이다.

뉴욕시립도서관

미국은 다른 나라보다 크고 작은 도서관들이 많고 특히 시설이 잘 되어 있다. 미국에서 가장 큰 도서관은 워싱턴D.C.에 있는 해럴드 워싱턴 도서관이고 그 다음으로 큰 곳이 우리가 갔던 뉴욕 시립 도서관이었다. 뉴욕의 도서관은 3개의 중앙 도서관과 함께 크고 작은 80개의 지점 도서관이 뉴욕 시내 곳곳에 거미줄처럼 퍼져 있고, 연구 목적으로 공개된 4개의 연구 도서관이 있다고 한다. 그 중에서도 뉴욕 시립도서관에는 구텐베르크

Information

성경과 카포티의 초고 등 역사적으로 귀중한 장서를 많이 소장하고 있다. 뉴욕 시립 도서관이 '시립'이라는 이름이 붙어 있긴 하지만 설립 주체는 뉴욕시가 아닌 독립 법인이라고 한다. 그래서 재정은 민간 기부로 이루어져 운영된다는 설명에 메트로폴리탄을 비롯해 뉴욕의 문화 · 예술을 후원하는 사람들이 참 많구나 싶었다. 그리고 그 사실에 자부심을 갖고 있는 듯 도서관 한쪽 벽면엔 후원자들의 명단이 새겨져 있었다. 기업이 벌어들인 수익을 사회에 환원하는 방법이야 여러 가지가 있겠지만 문화 예술에 지원하는 메세나 운동이야말로 세상을 더욱 가치있게 해주는 일이 아닐까.

내가 처음 뉴욕 시립 도서관을 본 건 2004년에 개봉했던 '투모로우'라는 영화에서였다. 뉴욕에 거대한 눈폭풍이 불어 닥쳤을 때, 주인공들이 뉴욕 시립 도서관으로 피신해 책을 찢어 불을 지피는 장면이었다. 외관부터 입구를 지나 계단으로 올라가는 동안 정말로 영화에서 본 것과 똑같았다. 그러고 보면 뉴욕을 지나는 동안 영화의 배경이 아닌 곳이 있긴 했나 싶을 정도로 명소가 많았다. 여러 호텔부터 시작해 그냥 스쳐지나간 건물이나 가게까지 모두 영화 속 배경이었다. 그래서 여행하는 내내 미국을 여행한다기보다 영화 속으로 들어간 느낌을 받기도 했고 차창 밖의 풍경들이 꼭 영화 세트장처럼 느껴지기도 했다.

뉴욕 시립 도서관 입구의 남쪽과 북쪽엔 각각 사자상이 있다. 나는 처음에 그냥 꾸민 상이라고 생각했는데 둘 다 나름의 의미를 갖고 있었다. 남쪽의 사자상은 인내를 의미하고 북쪽은 불굴의 정신을 나타낸다고 한다. 당시 뉴욕 시민들에게 이러한 정신이 필요하다고 생각해 그렇게 지었다고 했는데 그게 도서관 앞에 있는 걸 보면 내 생각엔 불굴의 정신으로 인내를 가지며 책을 읽으라는 뜻처럼 느껴졌다. 그래서 계단을 오르며 뉴요커들처럼 앉아서 영어로 된 책을 읽어보겠다고 다짐했다. 혹시 한국어로 된 책도 있을까, 기대하면서.

도서관 안은 외관처럼 고풍스러운 분위기를 풍겼다. 벽면 가득 빼곡하게 채워져 있는 오래된 책들과 그 위쪽으로 높게 난 창문으로 오후의 햇살이 쏟아져 들어오고 있었다. 천장엔 동그랗게 원 모양으로 뼁 둘러싼 전구들에서 세 개의 크고 작은 원으로 만든 조명이 은은하게 비추고 있었다. 낡고 오래된 책에서 나는 약간의 먼지 섞인 냄새에 마음이 편해졌다. 평일 낮인데도 빼곡하게 그곳을 채우고 있는 뉴욕 시민들의 모습을 보자 단번에 이곳이 좋아졌다. 그럴 수밖에 없는 공기였고 분위기였다. 괜히 영어 단어 하나라도 더 외우고 싶은 분위기랄까. 새학기마다 마음에 드는 필기구를 사는 것만으로도 공부를 더 잘할 수 있을 것 같은 느낌? 이런 곳이 집 근처에 있다면 매일 갈 텐데. 천장엔 마치 유럽에서 본 듯한 그림이 그려져 있고 여기저기 장식된 벽들에선 오랜 시간이 느껴지는 곳이라 나도 모르게 저절로 집중이 되는 공간이었다. 게다가 이 압도당할만한 규모에선 아무리 까불이라고 해도 뛰어다닐 생각은 엄두도 못 낼테니 말이다.

곁눈질로 앉은 사람들이 뭘 하나싶어 쳐다보기도 하고 작은 문을 통과해 여러 방들을 구경했다. 몇 개의 공간들을 빼면 모두 공부하는 곳이라 조용히 해달라는 문구와 함께 가방을 검사하거나 관광객들의 출입을 막는 곳도 있었다. 나는 그곳을 대충 둘러보고 컴퓨터가 즐비한 곳으로 향했다. 역시 미국답게 애플 컴퓨터들이 긴 책상에 몇 대씩 놓여 있었고 뉴욕 시민들을 위해 데스크에서 미리 예약을 한 사람들만 이용가능하다는 문구가 적혀 있었다. 책을 읽는 곳과 마찬가지로 대부분의 자리가 차 있

었다. 예전에는 도서관이라고 하면 수많은 책들, 그 외라고 해봐야 신문 혹은 비디오 감상 정도가 전부였다는데 요즘엔 도서관에 컴퓨터가 필수인 시대가 되었다. 종이로 된 책보다 e-book이 전세계적인 추세라고 생각하면 놀랄 일도 아니다. 책을 읽는 게 내가 필요한 정보를 얻고, 지식을 쌓기 위한 목적이라면 도서관은 거대한 정보의 저장고인 셈이고 현대의 정보의 보고는 컴퓨터이니 컴퓨터 앞에 앉아 있는 게 도서관 그 자체인지도 모르겠다.

도서관 유리창 너머로 보이는 엠파이어 스테이트 빌딩을 보다 도서관 뒤쪽으로 나왔다. 뉴욕 시립 도서관이 매력적인 이유 중 하나인 브라이언트파크를 보기 위해서였다. 이미 맑고 쾌청한 날씨를 즐기려는 사람들이 책을 빌려와 자리를 잡고 여기저기 앉아 있었다. 공원과 바로 연결된 도서관은 대체 누가 생각한 아이디어였을까? 브라이언트파크는 빽빽하게 들어찬 마천루들 사이의 작은 공원일 뿐이지만 뉴욕에서 제일 낭만적이고 멋진 공원임에 틀림없다. 공원 안 노천카페에서 책을 읽고 있는 뉴요커들과 풀밭에 앉아 자유롭게 노래하고 누워서 책을 읽는 사람들까지. 자연을 느끼며 맑은 공기를 맡고, 바람을 쐬며 책을 읽는 것이 얼마나 자유롭게 보였는지. 뉴요커들이야말로 진정 자유로운 영혼들처럼 보였다. 사실 나는 책이랑 가깝진 않지만 왠지 이런 곳에선 책을 읽어야만 할 것 같은 느낌이었다. 이런 분위기에서 책을 읽지 않는 게 더 바보가 아닐까?

THE NEW YORK PUBLIC LIBRARY
THE A
WHY CHILDREN'S BOOKS MATTER
B C
OF IT

모든 건 완벽하게 준비되어 있고, 내가 그 풍경 안으로 들어가기만 하면 완성인데 말이다.

그러고 보면 뉴욕 곳곳에선 책을 들고 다니는 사람이 많았던 것 같다. 지하철과 버스 안에서도, 센트럴파크와 브라이언트파크를 비롯해 카페에서도 손 안에 책을 쥔 사람들이 많았다. 우리나라의 지하철에서도 책을 읽는 사람들이 있긴 하지만 음악을 듣거나 핸드폰을 만지는 사람들이 대부분인 것에 비하면 우리와는 좀 다른 것 같다. 굳이 어떤 것이 좋고 나쁜 건 아니지만 변해가는 풍경이라 생각한다. 우리나라의 스마트폰 보급률이 세계에서도 순위권이라고 하니 정보를 얻는 방법이 책에서 핸드폰으로 옮겨간 것인지도 모른다. 도서관 안의 쭉 늘어선 컴퓨터들처럼.

그래도 이런 풍경을 보고 있으면 핸드폰은 주머니에 넣고 가방에서 책을 꺼내고 잔디밭에 앉고 싶어진다. 나중에 커서 다시 배낭여행으로 미국에 온다면 책 한 권을 들고 와야지. 브라이언트파크에 와서 그럴 듯하게 커피 한 잔과 책을 읽을 테다.

MIT

남들이 싫어하는 수학을 좋아하는 나. 사실 수학을 좋아한다고 하면 다들 의문스런 표정으로 나를 바라본다. 어떻게 수학을 좋아할 수 있어? 그

게 가능해? 이런 말이 하고 싶다는 표정으로 말이다. 그런데 난 어렸을 때부터 수학을 제일 좋아했다. 수학은 문제를 풀수록 더 흥미진진해진다. 게다가 답이 있다는 생각이 들면 그 답이 보고 싶어서 근질근질하다고 해야 하나? 나는 수학을 좋아하는 것에 불과할 뿐 그렇다고 잘하는 건 아니다. 어떻게 보면 짝사랑처럼 내가 수학에게 계속 좋아한다고 고백하는 거나 다름없다. 하지만 내가 잘하는 것보다 좋아하는 걸 할 때 성취감이 더 큰 것 같다. 드디어 이걸 풀 수 있을 만큼 내가 잘하게 됐어! 이런 생각이 들면 기쁨은 말로 표현할 수가 없다.

전에는 이렇게 어려운 수학이 실생활에 별 필요가 없을 거라고 생각했다. 하지만 나중을 위해서라도 언젠가는 필요할 것 같기도 하다. 먼 미래가 아니라 가깝게는 다른 나라를 갈 때 서로 의사 소통의 수단이 될 수도 있지 않을까? 예를들면 마트에서 물건을 살 때에도 숫자와 간단한 수학으로 오케이니까! 왜냐하면 아무리 그 나라 말을 못해도 숫자를 써서 보여 주면 다 알아 듣기 때문이다. 수학에서 사용하는 모든 기호나 수식은 만국공통어니까 말이다.

왠지 MIT에 도착했을 때 나는 슈퍼마켓이 아니더라도 수학적인 것들로 의사소통을 하는 사람들이 이곳에 있다고 생각하니 설렘이 커졌다. 여기선 수학을 좋아하느냐고 물어도 "어떻게 수학을 안 좋아할 수 있어?"라면서 당연한 표정을 지을지도 모른다. 그런 사람들이 모여 있는 곳일 테니까 말이다.

보통 공대 쪽은 딱딱하고 부드러움이 없다고 생각하지만 MIT를 다녀와서 생각을 달리 하게 되었다. 딱딱함 속에 부드러움이 있고 이 부드러움을 이용해 다시 여러 가지 딱딱한 것들을 뚝딱, 만들어내는 곳이 바로 이곳이 아닐까 하는 생각.

MIT 대학교에 처음 들어갔을 때 박물관 같은 분위기였다. 그리고 학생들 사이에서 불리는 '끝이 없는 복도' 가 있었다. 이런 별명이 붙은 이유는 복도 길이가 250m에 달하기 때문이다. 이 복도의 양쪽엔 실험실을 비롯해서 작품이나 모형을 전시해놓기도 했고 실험에 대한 상세한 소개자료가 전시되어 있기도 했다. 아마도 끝이 없다고 생각하는 건 이것들을 다 보면서 지나가야 하기 때문에 시간이 너무 오래 걸려 더 길다고 생각해서일까? 복도의 양쪽 벽면엔 게시판들이 붙어 있었는데, 게시판엔 소소한 동아리 홍보 게시물이 붙어 있기도 했고 학과 규칙이나 새로운 소식 같은 것들이 적혀 있었다. 이런 것만 보면 참 평범한 학교 같은데 또

고개를 돌려 옆을 바라보면 대단해 보이는 실험실이 있어 온탕과 냉탕을 마구 반복해서 들어가는 기분이었다.

어떤 공간들은 학생증을 찍어야 들어갈 수 있었다. 다른 외부인은 못 들어가고 학생증이 있어야 갈 수 있다니 보안이 철저했다. 무언가 미래의 엄청난 발명품이나 이전에 발견하지 못했던 것이 저 안에 있는 걸까?

이곳에 오기 전 영화를 보았었는데, MIT 학생들이 카지노를 돌며 어마어마한 돈을 따는 영화였다. 바로 〈21〉이라는 영화였는데, 이 실화는 영화 외에도 〈MIT 수학천재들의 카지노 무너뜨리기〉라는 책으로도 출간되어 있다고 한다. 트럼프를 이용해 숫자를 21에 맞추는 게임인 '블랙잭'의 비밀을 수학적으로 계산해내서 돈을 번다는 줄거리의 영화였다. 영화를 보면서 입을 다물질 못했다. 카드 카운팅을 하는 그들은 통계, 확률, 기억력을 총동원해 거액의 돈을 따고 카지노 측에서는 CCTV를 설치해 이들을 잡아내 블랙리스트에 올렸다고 한다.

사실 천재들의 기발함이란 일반인들에 비해 크게 다르진 않다고 한다. 대신 일반인들보다 그들의 노력과 창의성이 조금 더 돋보이는 건 아닐까? 그렇게 따지면 MIT의 학교 생활도 일반 다른 대학교와 큰 차이는 없을 것이다. 학과 게시판을 언뜻 보니 동아리들도 평범해보였고 말이다. 만약 내가 대학교에 들어간다면 어떨까? 물론 MIT를 오기는 힘들겠지만 어쨌든 나도 이런 공대에 다니고 있겠지? 아니면 자연대에! 학교 공부

는 대학교에 들어가지 않아 모르지만 동아리가 있다면 수영 동아리에 들고 싶다. 운동도 할 겸 물속에서 머리를 식히는 것도 좋을 것 같기 때문이다. 확실히 현실과 차단된 느낌을 받을 수 있는 물속을 수영하다 보면 어느새 시원하고 개운한 마음으로 새롭게 다시 공부를 할 수 있을 것 같다.

점심 시간이 되자 MIT 안의 구내 식당에서 치킨데리야끼 볶음밥을 시켜 먹었다. 학교 급식이랑은 완전 달랐다. 푸드코트처럼 여러 음식이 있었고 우린 아무 거나 골라서 먹을 수 있었다. 이래서 대학에 가면 많은 자유가 주어진다고 하는 거구나. 기분 탓이겠지만 대학 캠퍼스 안에서

밥을 먹으니 기분이 색다르고 더 맛있게 느껴졌다.

MIT 안을 구경하면서 나는 반가운 한국인들을 만날 수 있었다. 바로 MIT에 기부를 한 사람들을 전시해놓은 전시장에서였다. MIT 게시판에 10명 정도의 사람들이 실려 있는데 그 중 2개의 사진이 한국인이었다. 그 중 하나가 김우중 회장 가족이다. 김우중 회장에게 아들이 있었는데 그 아들이 MIT를 다니다 교통사고로 사망했다고 한다. 그래서 김우중 회장이 대학에서 많은 것을 배웠으니 그 아들을 기리며 돈을 기부했다고 한다. 또 한 사람은 바로 개그맨이었던 서세원 부부였다. 이건 나도 몰랐던 일이었는데 그곳에서 처음 알게 됐다. 서세원의 딸이 MIT 대학교를 나왔는데 부모님을 초청해 MIT 대학교 칠판에 수학 공식을 다 써주었단다. 마치 영화 속 한 장면처럼 투명 칠판을 가득 채우는데 그 모습이 참 자랑스러웠다고 한다.

우리 부모님도 내가 공부하는 모습만 봐도 뿌듯해하시고 가끔 내 성적이 오르면 그것만 봐도 배부르다고 하시는데 비슷한 마음이지 않을까. 내가 MIT에 가면 우리 부모님은 날 업고 현수막까지 걸지도 모른다. 하

하. 부모님이 이렇게 자식을 위해 기부를 할 정도로 사랑을 주시는 걸 보니 엉뚱하게 MIT에서 부모님에게 감사함을 느꼈다. 나 역시 그런 부모님에게 잘해야 될 텐데….

MIT 대학교에서 우리 일행을 안내를 해주신 선생님은 MIT 기계공학과 박사과정중인 선생님이었다. 선생님은 활기차고 자신감이 넘치는 표정이었다. 그리고 자신이 MIT 대학교에 온 것을 매우 자랑스럽게 느끼는 것 같았다. 나도 나중에 대학시절을 이 선생님처럼 자신감 넘치고 활기차게 보내고 싶었다. 그러려면 지금 열심히 해야겠지?!

첫 입학생이 고작 15명으로 시작했다는데 이제는 전 세계 다섯 손가락 안에 드는 명문 대학교. 대학이 세워진 1861년에 우리나라는 고종 황제가 왕위에 오르고 프랑스와 전쟁이 시작되고 이제야 막 신문물을 접했을 시절인데 어떻게 미국은 이런 생각을 하고 있었을까? 과학의 중요성을 생각해 전문대학을 만든 것도 신기하고 그것을 이끌어 간 것도 신기했다.

MIT 대학 구경의 또 다른 재미는 MIT 학생들이 만든 발명품을 팔고 전시해 놓은 MIT뮤지엄이다. MIT 학생들의 손끝에서 세상을 바꾸는 발명품들과 신선한 아이디어들로 만들어진 물품들을 모아둔 곳이다. 꼭 크고 웅장한 발명품들만 있는 것이 아니라 다소 불편함을 느낀 것들을 개선해 놓은 생활밀착형의 작은 물건들까지! 우리가 지금 쓰는 인터넷 주소인

'www'를 만든 것도 바로 MIT 학생의 작품이었다고 한다. 우리가 상상하지 못했던 것까지 모두 이루어질 수 있게 만드는 사람들과 함께 살아가고 있다는 사실에 기뻤다. 역시 아무리 뜬구름 잡는 이야기라고 해도 일단 상상하고 나면 어디선가 누군가는 그 구름을 잡는 것 같다. 상상이 현실이 되는 곳, MIT. 어쩌면 내가 지금 하는 상상들도 언젠가 이뤄질 현실이겠지? 우리의 상상을 이루는 MIT 앞에서 나도 언젠가의 미래를 꿈꾸며 오늘의 다짐을 일기에 적는다.

자연사박물관

우리나라의 가장 큰 박물관은 어딜까? 국립중앙박물관? 어릴 때 가족들과 가보고, 좀 더 커서는 학교에서 견학을 갔었는데 몇 가지 유물들을 빼면 별다른 기억이 나질 않는다. 세계에서 가장 큰 박물관은 루브르 박물관? 레오나르도 다빈치가 그린 모나리자 앞에 구름떼 같이 몰린 사람들과 입장권을 사기 위해 유리로 된 삼각형의 피라미드 모양 건물을 빙 돌아 줄을 섰던 기억이 난다. 미국에서 가장 큰 박물관은 오자마자 구경했던 메트로폴리탄 박물관이었고 고흐의 그림이 있던 방 역시 사람들이 북적거렸었다. 그리고 그만큼 유명한 또 하나의 박물관을 꼽자면 바로 워싱턴 D.C.에 있는 자연사 박물관이 아닐까?

영국인 과학자인 제임스 스미손의 기부금으로 워싱턴D.C.에 설립된 17개의 박물관 중 하나인 자연사 박물관은 인류의 기원과 공룡화석 등 고대와 현대의 포유류, 조류, 양서류 등의 방대한 양의 화석과 유물을 한꺼번에 전시하고 있는 곳이다. "인류의 지식을 늘리고 확산시키자"라는 목표를 가지고 설립된 곳인 만큼 박물관 안은 지식의 보고처럼 느껴진다. 아니, 그보단 영겁의 시간이 쌓여있는 곳이라는 표현이 더 맞을 것 같다. 내가 태어나기 이전, 이라는 말로는 설명되지 않는 인류가 생기기 이전부터 최근에 이르기까지 지구의 시간들이 축적된 이 박물관은 그야말로 자연의 역사를 시간별로, 공간별로 쌓아놓은 곳이다.

박물관의 경비원으로 취직한 주인공이 밤마다 순찰을 돌 때마다 박물관의 모든 생물들이 살아서 움직인다는 내용의 영화인 〈박물관이 살아있다〉의 한복판에 내가 도착한 것이다. 공룡 화석, 동물 박제들, 링컨과 그림 속에 그려진 사람들까지 살아서 움직이는 판타지의 한복판에 서자 박물관과 영화가 겹쳐지는 것만 같았다. 처음 자연사 박물관에 들어가자마자 본 초대형 코끼리 박제부터 그랬다. 세계 최대의 아프리카 코끼리 박제는 마치 실제 코끼리처럼 생동감이 넘쳤다. 큰 상아와 코를 치켜들고 귀를 천천히 팔랑거리며 걷는 듯한 모습이 나를 반겼다. 코끼리 박제를 중심으로 자연사 박물관은 크게 3개의 전시관으로 나뉘어 있었다. 인류, 바다 생물, 그리고 육지 동물.

인류 전시관에서는 인류의 진화와 도구 사용 등에 관련된 유물이 전시되어 있었다. 그림 중 나무가지로 표현한 '인류의 기원' 그림이 재미있었는데 큰 나무가 네 개의 가지를 뻗어나가 네 개의 그룹으로 나뉜 그림이었다. 유인원과 고릴라 같이 생긴 아르디피테쿠스 그룹과 그 왼쪽 위에 오스트렐라피테쿠스 그룹, 오른쪽 위엔 파란트로푸스가, 맨 위쪽엔 호모 그룹이 있었다. 파란트로푸스는 오스트렐라피테쿠스의 일종인데 이 그림들을 보고 있으면 호모 그룹에 "You are here."이라고 써 있긴 하지만 어쨌거나 뿌리는 같으니 원숭이와 인간은 아주 먼 친척일까? 하는 물음표가 찍힌다. 물론 거의 같은 유전자를 공유할 뿐 원숭이가 진화해 인간이 된 것은 아니라는 주장도 있다. 어느 것이 맞는 진 모르지만 먼 친척이라는 건 확실한 것 같다. 수많은 드라마와 책에서만 봐도 자신의 친엄마, 친아빠를 찾아가는 내용이 많고 출생의 비밀을 밝히려는 사람들은 또 얼마나 많던가. 그런 걸 보면 아빠의 아빠, 아빠의 아빠의 아빠, 아빠의 아빠의 아빠의 아빠… 그리고 인류 최초의 조상을 찾고자 하는 건 어떻게 보면 당연한 궁금증인지도 모르겠다.

우리의 조상인 오스트렐라피테쿠스의 두개골의 모양을 보았는데 처음엔 작았던 두개골이 점점 커져갔다. 그럴수록 허리도 동시에 펴지고 키도 자랐으며 손에 들고 있는 무기의 형태도 바뀌었다. 인류 진화 전시관을 지나며 우리는 여전히 진화하고 있을까? 하는 궁금증이 일었다.

KENNETH E. BEHRING FAMILY
Ocean Hall
IMAX® Theater
Human Origins
DONATIONS

2ND FLOOR
EXHIBITS
RESTROOMS
BAIRD AUDITORIUM
ATRIUM CAFE
MUSEUM SHOP

만약 진화한다면 어떤 모습으로 변화하고 있는 걸까. 현재를 살아가고 있는 우리는 둔감한 변화이긴 해도 무언가 변하고 있긴 할 텐데….

몇 년 전에 미래의 인류의 모습을 예상한 그림을 본 적이 있다. 오랜 시간 앉아서 생활하는 습관 때문에 팔과 다리는 점점 가늘어지고 머리는 점점 커지며 배만 볼록하게 나오는 모습이었는데 이건 마치 E.T처럼 외계인 같았다. 요즘엔 사람들이 다들 운동을 열심히 하니 그 모습은 아니지 않을까? 아니, 변한다 해도 진화에 걸린 시간을 생각하면 내가 걱정할 필요는 없겠다, 싶어졌다.

바다 생물 전시관에는 황토색의 인류 전시관과 달리 푸른빛의 전시관이 나를 반겼다. 옛 바다에 살던 공룡들의 뼈와 거대한 고래 박제 모형이 천장에 매달려 우리를 향해 헤엄쳐오는 듯한 기세였다. 흰수염고래의 크기는 정말 어마어마했다. 미국은 뭐든 이렇게 스케일로 압도하는 것만 같았다. 공룡 화석 전시관의 규모도 마찬가지였다. 미국 앞에 붙어 다니는 수식어처럼 '세계에서 가장 큰…'.

전시실에는 조금 수축된 모양이긴 했지만 대왕 오징어도 있었고 영화

〈니모를 찾아서〉의 주인공 물고기인 니모와 그 친구들이 있는 수족관도 볼 수 있었다. 바다 생물의 아름다움은 상상, 그 이상이었다. 그리고 초대형 해파리의 모형과 함께 전시된 각종 물고기들, 이것들이 어디에 사는지, 그들은 누구고, 그들의 크기가 어떤 관련이 있고 또 무엇과 관련이 있는지에 대해 물음표. 단순히 나열되어 있는 전시가 아니라 보는 사람으로 하여금 끊임없이 물음을 던지고 답을 고민해보게 할 만큼의 전시 동선과, 이어지는 다른 전시들이 흥미로웠다. 박물관에 갈 때마다 부족한 내 지식과 어렵고 무겁기만 한 공부들 때문에 차라리 정말 박물관이 살아 있으면 어떨까 하는 생각을 몇 번이나 했는지 모른다. 정말 살아있다면 재미있게, 그들이 말하는 걸 듣고 대답할 텐데 말이다. 그런데 정말 이곳에선 이 전시를 보면서 어떤 물음을 갖고 생각하며 봐야 하는지, 스스로 생각할 수 있게 해주는 곳이었다. 게다가 멸종된 줄 알았다가 최근 다시 발견되었다는 물고기부터 시작

해 코랄이 식물이 아니라 동물이라는 평범하지만 충격적인 사실(?)을 알려주기도 하고, 스티로폼 종이컵이 심해로 들어가면 엄지손톱만한 크기로 줄어든다는 사실과 심해의 압력 때문에 사람이 심해로 들어가는 게 불가능하다는 사실까지. 흥미로운 것들로 가득 차 있어 별다른 물음이 없어도 보는 것만으로도 즐거운 곳이었다. 심해엔 이상하고 기괴한 모양의 재미있는 생물들이 많이 살고 있어서 언젠가 한번 꼭 가고 싶다는 생각도 들었다. 우주도 사람이 갈 수 없었던 곳이지만 이젠 갈 수 있는 것처럼 언젠간 심해도 그렇게 되지 않을까?

이제 바다를 봤으니 육지를 구경할 차례. 아프리카, 사바나 초원, 사하라 사막 등 다양한 지역의 동물 모형이 있었는데 그 중 내게 가장 인상 깊은 모형은 순록이었다. 텔레비전에서만 보고 실물은 보지 못했던 동물이기 때문이었다. 에스키모들은 순록의 피를 먹는단다. 그래서 에스키모들은 순록을 냉동고 같은 곳에 보관해 식량으로 두고두고 먹고, 순록의 가죽으로는 옷을 만들어 입는다고 한다. 우리나라엔 없는 동물이기도 하거니와 에스키모의 삶을 다룬 다큐멘터리로에서만 봤던 순록의 박제를 보니 정말 사슴 같은 눈망울과 온순해 보이는 얼굴에 마음이 아파지기도 했다. 순록 외에도 사막여우나 미어캣 같은 조그마한 동물들부터 천장까지 타고 올라간 나무 위에 앉은 표범과 마치 방금 사냥에서 잡혀 그 나뭇

가지에 축 쳐져 걸려있는 영양까지, 포유류 인형들이 정말 살아있는 것처럼 생생했다. 이 전시관을 둘러보니 그제야 〈박물관이 살아있다〉 같은 영화를 상상해내고 영화로까지 만들어낼 수 있었는지 이유를 알 것 같았다. 영화 속에 나왔던 조그마한 말썽꾸러기 원숭이 덱스터도 있었다. 영화처럼 작은 파이프를 타고 올라가는 모습이었는데 저걸 타고 전시실을 금방이라도 빠져나올 것 같은 모습이었다.

자연사 박물관에서는 제일 유명하다는 블루 호프 다이아몬드를 보러 올라갔다. 광물을 전시해놓은 곳엔 역시 보석들 때문인지 여자 관람객들이 많았다. 목걸이 모양으로 되어 있는 이 블루 호프 다이아몬드는 40캐럿이 넘는 세계에서 제일 큰 다이어몬드다. 영화 타이타닉에서 '대양의 심장'으로 나왔던 다이아몬드가 바로 이것이다. 실제로 보니 다이아몬드를 비추는 조명보다 훨씬 더 반짝거렸고, 푸른 별이 마치 다이아몬드를 감싸고 있는 것 같았다. 여자들이 보석을 좋아한다는데 이런 다이아몬드라면 여자가 아니라 모든 사람들을 다 반하게 만들 정도였다.

보석 이외에도 보통 크기보다 훨씬 큰 진주부터 시작해 수많은 광물들이 전시되어 있었다. 태백에 있는 석탄 박물관에도 광물들이 전시되어 있는 걸 본 적이 있는데 우리나라에도 물론 좋은 광물들이 많지만 이런 보석들이 우리나라에서도 펑펑 나면 더 좋을 텐데 하는 생각이 들었다. 좀 어린 생각이지만 공룡 화석을 볼 때에도 그렇고 발자국만 찍고 가지 말고 우리나라에서 죽어서 석유도 펑펑 나오게도 해주고 화석들도 많이 좀 생기게 해주지! 나쁜 공룡들!

한국에 돌아가면 해외에서 박물관이나 갤러리를 봤던 것처럼 박물관을 구경하러 가야겠다. 생각해보면 더 가깝고 손쉽게 갈 수 있는 곳을 놔두고 제대로 찾아가보진 못했던 것 같다. 곁에 있는 것부터 차근차근 배우고 소중함을 느껴야지, 생각했다.

플리머스

플리머스가 첼시마켓이나 퀸시마켓처럼 플리마켓 중의 하나라고 생각했었다. 플리머스와 플리마켓. 얼추 비슷하니까. 막상 도착해보니 플리머스는 조용하고 한산한 민속촌 같은 곳이었다. 여우비가 잠깐 오다 그친 플리머스의 흐린 아침은 관광객도 마을 주민들도 찾아보기 힘들었다. 뉴욕에서는 언제나 바쁜 뉴요커들과 그들을 눈으로 좇는 관광객들이 뒤섞여 번잡했으며 정신없이 높은 빌딩들을 보느라 고개를 젖히느라 바빴고, 나이아가라에선 웅장한 폭포 앞에 아무 생각도 할 수 없었으며, 워싱턴D.C.에선 근엄하고 숙연한 분위기에 나 역시 굳어 있었다. 또, 보스턴은 사람들의 여유 있는 모습에 조금 긴장이 풀어졌지만 플리머스에 도착

하니 뭔가 마음이 착 가라앉는 기분이었다. 흐린 날씨 탓이기도 했지만 조용한 분위기가 좋았다. 바다와 이어지는 하천을 따라 풀밭길을 걷다보니 마음이 정화되는 기분? 그렇게 바다까지 걷는 동안 축축한 풀밭과 나무에 부딪치며 부는 서늘한 바람에 여행의 피로가 씻기는 것 같았다. 메사추세츠주의 남동부에 있는 플리머스는 사실 유명한 관광지는 아니다. 굳이 들를 만큼 유명하지도, 볼거리가 많은 곳도 아니지만 미국의 첫걸음이 이곳에서 시작되었다는 것만으로도 충분히 의미가 있는 곳이었다.

플리머스만 연안의 한 도시인 플리머스는 1620년 뉴잉글랜드의 플리머스 식민지에 최초로 세워진 유럽인, 특히 영국인들의 정착지였다. 신앙의 자유를 찾아 메이플라워호를 타고 영국의 플리머스를 출발했던 필그림들이 미국의 초기 정착인들이었다. 그것을 기념해 1620이 새겨진 돌이 플리머스항에 '전설의 돌'이라는 이름으로 모셔져 있는데 이 돌이 정말 그 돌인지에 대해선 의견이 분분하단다. 필그림이 도착하고 백 년이 지난 후에 어느 누군가가 이 돌이 그 돌이라고 말했던 것이 입과 입을 통해 전달되고 사실로 굳어졌다는데 나는 그냥 이 돌이 정말 첫 이민자들이 발을 디딘 돌이라고 믿기로 했다. 덩그러니 놓인 돌 하나에 너무 많은 의미를 부여하는 건 어쩐지 과장스럽게 느껴지기도 한다. 그러나 이곳에 자리를 잡은 것도 사실이고 그들이 처음 이 땅에 발을 내딛는 순간의 대지가 결국은 이 돌에 함축되어 있으니 나름의 의미는 있는 것이다. 우리

가 단군의 자손이라고 믿는 것과 아마 같은 맥락이지 않을까. 그러고 보면 사람들은 누구나 자신의 기원을 궁금해 하나보다. 언제부터 이곳에 살았을까? 어떻게 살았을까? 뭘 하면서 살았을까? 누가 이곳에 온 걸까? 하는 질문들에 대한 사람들의 대답을 모아놓은 곳이 바로 이곳이다.

메이플라워호는 수리 중이어서 대신에 플리머스 플랜테이션이라는 곳으로 발걸음을 옮겼다. 미국 원주민의 후손들이 그곳에서 살아가는 모습을 보여주는 곳이었고, 신대륙으로 이주해온 17세기 당시 영국 이민자들의 복장과 생활 모습을 재현해 실감나게 체험할 수 있는 곳이었다. 우리나라의 민속촌 같은 느낌? 조금 다른 점이 있다면 그 민속촌에 정말로 사람들이 생활을 영위해나가고 있다는 점이었다. 물론 거기에서 완전히 거주하는 형태는 아니지만 롤플레잉 형식으로 나름의 생활하는 모습들을 보여주고 있었다. 인디언들은 나무를 깎거나 동물들에게 먹일 죽을 쑤기도 했고 동물들의 가죽을 손보기도 했다. 그리고 이곳을 지나면 영국 이민자들의 생활상을 재현해 놓은 곳이 나오는데. 작은 마을은 정말 그 시대로 온 것처럼 깜쪽같이 만들어놓았다. 나무로 만든 집과 헛간, 채소를 재배하거나 책을 읽고 요리를 하고 있는 사람들은 당시의 모습 그대로였다. 그리고 제일 신기했던 건 관광객들과 대화까지 주고받는다는 사실! 밥은 뭘 먹었냐고 물어보면 정말 그 당시의 사람인 것처럼 자세하게 대답을 해준다.

"우린 도착한지 얼마 되지 않아 먹을 게 없어서 힘들었어요. 아무 것도 할 줄 몰랐죠. 하지만 인디언들이 옥수수를 재배하는 방법을 알려줬고 요즘엔 농사를 짓기도 해서 그럭저럭 살만 해요. 빵이 넘치는 건 아니지만 이곳은 자유가 있잖아요!"

이런 대답들을 듣다보면 정말 과거로 돌아간 것 같아 고개를 끄덕이게 한다. 길가엔 하나님이 어쩌고 저쩌고하며 동이 난 나무에 걸터앉아 종교의 가르침을 설파하는 아저씨도 있었는데 관광객인 한 아주머니가 진지하게 그와 논쟁 아닌 논쟁까지 벌이는 걸 보니 아마 다들 이곳의 매력에 푹 빠진 듯?

나는 그 중 허브를 손질하던 여자가 제일 인상 깊었다. 그녀는 약초를 캐서 다듬고 있었는데 이게 뭐냐고 묻자 탈모 방지에 좋다고 설명했다. 다듬은 허브로 만든 오일도 보여주고 우리에게 묻혀 주기도 했다. 나는 그녀가 하는 이야길 가만히 들었다. 이 풀은 어디에 좋고, 이 풀은 이곳에 좋고…. 집중력에 좋다는 아로마 오일과 마음을 진정시켜준다는 카모마일 티가 우리 집에도 있다는 생각이 들자 그녀의 설명이 낯설지 않았다. 그리고 4백년 전 아메리카에 살던, 시공간이 다른 삶이 지금 우리의 삶과 별반 다르지 않다는 생각도 들었다. 하긴, 미국과 한국도 사실 이만큼의 거리가 떨어져 있어도 사는 건 다 비슷비슷한데 몇백 년의 시간이 지난 것에 무엇이 크게 달라질까. 결국 먹고 사는 생존의 문제에 직면한 인간이라는 사실을 인정한다면 말이다. 아마 처음 인디언 원주민들이 이곳에 도착한 이주민들에게 농사를 알려주고 생존에 필요한 여러 노하우를 알려준 것도 다 이런 마음에서였지 않았을까 싶다.

미국의 거지

나라가 잘 살면 거지들이 별로 없을 거라고 생각했지만 미국도 빈부 격차가 많다. 서울역에서 거지들을 흔히 볼 수 있는 것처럼 미국 역시 별반 다르지 않았다. 내가 미국에서 처음 본 거지는 공항에서였다. 거지들은 공항 벤치에 누워 노숙하고 있었다. 인도의 거지보다야 그 숫자는 적었지만 이렇게 잘 사는 나라에도 거지가 많다는 게 신기했다. 강원도 정선 카지노와 관련된 다큐멘터리에서도 보았던 것처럼 라스베가스에서도 도박으로 인해 파산한 사람들이 많다는 이야기를 들은 적이 있다. 도박에 빠져 돈을 다 잃어버린 사람들. 그런데도 아직 허황된 꿈을 포기하지 못하고 여전히 그곳을 배회하며 벗어나지 못하는 사람들 말이다. 그런 사람들 중에는 라스베가스 지하 벙커에서 거주하는 사람도 많다고 한다.

그런데 뉴욕을 비롯해 내가 직접 본 거지들은 텔레비전에서 본 것과는 달랐다. 당당하기도(?) 했고 우리나라 거지들과도 사뭇 달랐다. 거지들을 대하는 사람들의 태도도 조금 달랐다. 박스에 자신의 나이와 함께 가출을 해 배가 고프다고 적어놓은 어린 거지에서부터 시작해 매일 밤 지하철역 근처에서 자는 듯 누워 있는 사람까지. 내가 거지를 빤히 쳐다보며 계단을 내려가고 있을 때였다. 한 중년의 여자가 거지에게 아침이라고, 일어나라고 친근하게 말을 걸어, 나는 그 거지와 아는 사이인 줄 오해했다. 그런데 하는 이야기의 뉘앙스를 들어보니 얼마나 추웠냐, 괜찮냐, 얼른 일어나라, 이런 이야기와 함께 날이 밝았으니 힘내라는 이야기를 하고는 지나가는 거였다.

길거리에는 구걸하지 말라는 공익 광고가 붙어 있었다. 정확한 내용은 구걸하지 말고 배워서 일을 하라는 내용이었다. 얼마나 거지들이 많았으면! 하긴. 이들은 가난한 사람이라기보다 의지가 없는 사람인 것 같은 느낌이 들었다. 모든 걸 포기하고 거리의 한 구석에 앉아 소일하는 사람들.

이들 말고 또 다른 거지들도 많이 보았지만 가장 기억에 남는 사람이 있었다. 하버드 대학교 기념품 가게 앞에서였다. 가까이 가기도 전에 냄새가 심했다. 게다가 한 명이 아니었다. 가족끼리 구걸을 하는 것 같았다. 엄마, 아빠, 그리고 아들로 세 명이었다. 개도 기르고 있었다. 자신들도 먹을 게 없는데 왜 개까지 기르는지 이해가 되지 않았다. 개를 키울 정신이 있는 건가? 게다가 개도 거의 시름시름 죽어가는 듯 했다. 나중에 안 사실이지만 미국에는 동물 애호가가 많아서 동물을 살린다는 문구에 오히려 도움의 손길을 받는 경우가 많다는 것. 이렇게 돈을 버는 거지도 있다니. 우리와는 차원이 다른 구걸이었다. 고도로 발달한 자본주의 사회답게 미국의 거지는 자본의 논리를 이미 몸으로 터득하고 있는 사람들이었다.

나는 기념품 가게에서 기념품을 사고 남은 동전을 거지에게 주었다. 동전이 냄비에 딸그락 하고 떨어졌을 때 잘했다는 생각이 들었다. 그런데 우리나라처럼 고맙다고 인사를 한다거나 하는 게 아니라 쿨(?)하게 땡큐! 하고 마는 거였다. 아, 이 적응되지 않는 문화란. 물론 대단한 인사를 바란 건 아니었지만 으레 생각하는 거지들의 태도와는 전혀 달랐다. 거지는 동네 주민인지 지나가는 행인인지 모를 사람과 대화에 열을 올리기 바빴고 사실 내가 돈을 넣었는지 안 넣었는지는 관심도 없어 보였다.

나는 기념품을 사는 친구들을 기다리며 그들 옆에서 지켜보기로 했다. 엄마 거지가 땅에 버려져 있는 담배꽁초를 주워 피우고 있었다. 안타깝기도 하고 여전히 이해가 안 되기도 하고 복잡한 생각이 들었다. 그래도 이제 점점 날이 추워질 텐데 괜찮을까. 세계적인 명문 대학 앞에도 거지가 있는 이 극과 극의 풍경에 마음이 아득해졌다.

미국의 날씨

엠파이어 스테이트 빌딩 전망대에 올라갔을 때, 날이 흐려 제대로 뉴욕 풍경을 보지 못했다. 타임스퀘어에 도착하자 갑자기 소나기가 내렸다.

미국의 날씨는 새침데기 아가씨처럼 도무지 그 속을 알 수 없게 변덕이 심했다. 어떤 날은 화창했다가도 갑자기 소나기가 퍼붓기도 했다. 마치 동남아의 스콜처럼. 미국은 우리나라와 다르게 섭씨가 아닌 화씨를 사용했다. 날씨가 가장 좋았던 날은 첼시 마켓과 하이라인파크에 갔을 때이다. 날씨는 매우 더웠지만 화창해서 기분은 좋았다. 여행은 역시 날씨가 절반이다. 사진도 잘 나오고 기분도 좋고 선명한 풍경까지 더해지면 금상첨화다. 조금 덥긴 해도 습도가 우리나라의 여름보다 낮아서 끈적끈적하고 불쾌한 느낌이 덜한 것이 좋았다. 그늘이 생긴 곳에 들어가면 금방 땀이 식었고 시원하게 에어컨을 틀어 놓은 가게에 들어가면 언제 더웠냐는 듯 행복했다. 특히 날씨가 제일 좋았던 날은 나이아가라 폭포에 갔을 때였다. 시원하고 화창했다. 나이아가라 폭포 멀리에서도 물방울이 튀었다. 그리고 소나기가 그친 후 무지개까지 볼 수 있었다.

날씨는 특산물에도 영향을 끼쳤다. 캐나다의 나이아가라 지역에서 유명한 것은 상온에 보관해도 시원한 아이스 와인이라는데 습도는 낮고 날씨는 늘 맑고 선선한 바람이 불어 포도가 자라기엔 최상의 환경이 만들어낸 결과라고 한다.

하지만 열흘의 여행 동안 날씨가 늘 좋지만은 않았다. 최악의 날씨는 뉴욕에 있었던 날 중 하루였다. 그날은 우리가 버스에서 내리자마자 비가 내리기 시작했다. 그렇게 많이 내리지는 않았지만 타임 스퀘어를 맑은 날씨에 봤으면 어떨까하는 생각이 들던 참이었다. 언제 또 이곳에 올지 모르는 마당에 비오는 날은 아쉽기만 했다. 게다가 엠파이어 스테이트 빌딩에 올라갔는데 뉴욕의 전경이 더 멀리까지 보이지 않아 아쉬움은 두 배가 되었다.

하지만 인터넷에서 화창한 날씨를 배경으로 한 사진만 많지 이렇게 흐린 날을 찍은 사진은 드물었다. 그래서 나는 이것 역시 소중한 추억이라고 생각했다. 의외로 비가 내리는 뉴욕은 낭만과 우수가 겹쳐졌다. 아스팔트 위에 살짝 고인 물웅덩이에 반사된 수많은 간판 빛들, 그 화려한 빛에서는 이국적인 낭만을, 비 내리는 뉴욕의 밤 풍경에는 우수를 느끼게 만들었다.

미국의 단위

우리나라와 미국은 화폐는 물론 쓰는 단위들이 다르다. 물론 나라마다 화폐단위가 다른 건 당연한 일이지만 미국은 여러 가지 면에서 달랐다. 매일 아침 출발 전 날씨를 확인하면 화씨가 표시되어 있어서 이게 대체 어느 정도의 기온인지 알 수 없어 변환 어플을 다운 받아 계산해야 했고, 도시에서 도시를 이동할 때마다 대체 언제 도착하는 거지, 싶어 창밖을 보면 도로 표지판에 적힌 남은 거리가 마일로 표시되어 있어 꼭 수학 테스트를 하는 것 같은 기분이 들었다. 그래도 다른 학문들에 비해 수학은 세계 공통 언어라고 생각했는데 공통은 숫자와 공식일 뿐이지, 사용하는 단위가 다르면 중간에 그것을 변환하는 단계가 필요하다는 걸 새삼 까먹고 있었던 것이다.

안녕하세요, UN본부를 방문한 한국에서 온 유희민이라고 합니다. UN이라는 기관은 정말 훌륭한 기관인 것 같습니다. 평화유지군을 양성하고 세계평화를 유지하는 넓은 마음을 보면서 정말 한편으로는 멋졌고 한편으로는 부러웠습니다.

이렇게 자기 자신(미국)보다 세계를 위할 줄 아는 모습을 보고 저도 언젠가는 UN에서 세계를 위해 노력하고 열심히 일하는 외교관이 되고 싶다는 생각을 다시 한번 하게 되었습니다. 이런 UN과 같은 넓은 마음을 가지려면 학교나 가정 등 제가 속해 있는 어느 단체에서나 나보다 모두를 위해 솔선수범 하는 유희민이 되어야겠지요?

유엔본부에서 세계평화를 고민하다

유희민 미래의 외교관

나이에 비해 적지 않은 횟수의 여행을 했다. 여행을 통해 여러 나라의 문화를 경험하고 여러 인종과 직접 만났다. 사람의 욕심은 끝이 없는 것 같다. 여러 나라를 가면 갈수록 다른 나라를 더 가고 싶고, 호기심은 갈수록 커져만 갔다. 욕심이 커지는 순간에 반기문 유엔 총장의 자서전을 학교 선생님의 선물로 읽게 된 후로 나 역시 외교관으로서, 후에 UN에서 일하고 싶다는 생각이 이곳을 방문하며 더 굳어졌다.

유엔본부

뉴욕 속의 또 하나의 나라가 있다. 바로 UN 본부다. UN에서 사용하는 우편물들은 미국 우표가 아니라 UN의 자체 우표를 사용한다고 하니 로마 안의 바티칸처럼 UN 역시 또 하나의 나라라고 볼 수 있을 것 같다. UN 건물 앞에는 약 2백여 개의 국기가 휘날리고 있었다. 알파벳 순서로 되어 있다는 말에 공정한 것도 힘들구나, 생각하면서 나는 우리나라의 깃발을 찾아 걸음을 옮겼다. 세계 여러 나라의 국기들 가운데 우리나라의 국기를 보며 UN 안에서 우리나라의 위상을 알리고 계신 반기문 총장님이 자랑스러워졌다.

뉴욕에 가기 전부터 나는 매일 같이 UN 본부에 다녀온 사람들의 글을 검색해보곤 했는데, 운이 좋으면 반기문 총장님과 인사를 할 수도 있다는 글을 본 뒤론 가슴이 뛰었다. 진짜 인사를 나눌지도 모른다는 기대감과 종종 유학생들은 보기도 한다는데 이 행운이 내게도 찾아오길 빌면서 말이다.

두 차례의 검색을 끝내고 UN 본부로 들어서자 각종 회의 때문에 어수선한 듯, 몇 개의 투어 팀이 나누어져 있었고 직원들이 바쁘게 로비를 오갔다. 한국어 가이드도 있다고 했는데 외국인이 또각또각 굽 소리를 내며 다가왔다. 아, 난 궁금한 게 많다구요! 듣고 싶은 것도, 묻고 싶은 것도 많은데 영어를 다 알아들을 수 있을까? 하는 걱정에 시무룩해지자 선생님은 그분께 우리들을 위해 천천히, 쉬운 단어만을 사용해 설명해달라고 부탁하셨다. 예상대로 전문적인 용어가 많이 나왔지만 전체적인 맥락을 이해하는데는 큰 어려움이 없었다. 내가 영어실력이 좀 늘었나, ㅋ.

우리와 함께 UN을 소개해주시는 분은 전문 가이드가 아니라 실제 사무국에서 일하는 직원이었는데, 사정상 가이드의 일정이 꼬여 자신이 대신 소개해주러 왔다고 했다. 앳된 얼굴로 몸에 맞는 정장 옷을 입은 그녀에게 내 미래의 모습을 투영해보았다. 이곳에서 일을 하고 내가 일하는 곳곳을 소개하고 이상과 이념에 대해 자신 있게 말하며 뿌듯해하는 표정…. 그저 관광이었다면 가이드가 재밌는 이야기를 섞어가며 이야기 해줬을 수도 있지만 나는 그녀의 자랑스러운 표정과 함께 UN이 하는 일, UN이 추구하는 것에 대한 이야기를 할 때의 표정이 아직도 부러울 정도로 인상깊었다.

로비를 지나 역대 사무총장들의 초상화가 걸린 곳을 지났는데, 그때 그녀가 "여러분들은 어디서 왔죠?" 라고 묻더니 미소를 지었다. "한국이요!"라는 내 대답에 한국에 대해, 그리고 반기문 총장님에 대해 좋은 이야기를 해주었는데 같은 한국인이라는 이유만으로 내가 다 뿌듯해졌다. 이곳의 초상화들은 카펫 원단을 이용해 장인들이 손으로 직접 만든 것이라고 했다. 여러분 중 나중에 이곳에 얼굴이 걸리게 될 사람이 있을지도 모르겠어요, 라는 그녀의 농담에 나는 까치발까지 들어가며 손을 번쩍 올려

"저요! 그게 바로 저예요!"

라고 말하고 싶은 걸 꾹 참았다.

안전보장이사회장으로 걸어가는 동안 그녀는 UN의 몇 가지 기구들에 대해 말해주었다. 유니세프, 적십자회와 같은 친숙한 이름들을 들을 수 있었다. UN이 국제적인 평화와 안전을 위해, 이제 막 식민지를 벗어난 나라들의 경제적, 정치적 발전을 돕고 나라간 분쟁을 막는 일과 여러 나라의 인권 문제를 해결하기 위해 다방면으로 힘을 쓰고 있다는 이야기였

다. 안전보장이사회장으로 들어서자 그녀는 5개국의 상임이사국과 10여 개국의 비상임이사국에 대해 설명해주었다. 5개국을 아냐는 물음에 나는 자신있게 답했다. 중국, 미국, 러시아, 프랑스, 영국! 이미 반기문 사무총장님의 책을 읽고 간 터라 나는 거부권과 9개국의 찬성표를 얻어야 의제가 통과된다고 답을 하자 그녀가 놀란 듯 눈이 커졌다. 나는 뒷머리를 긁적이며 내 꿈이 외교관이라고, UN에 꼭 와보고 싶었다고 하자 그녀가 고개를 끄덕였다.

그녀는 얼마 전 북한에 관한 회의가 있었던 걸 아냐고 물었다. 우리는 모두 북한의 핵문제에 대해 알고 있다고 말했다. 이 회의에서 UN이 취한 조치들을 말해주었는데 여기서 또 그녀의 질문이 이어졌다. UN이 취한 조치 중 하나가 북한으로 귀금속을 비롯한 사치품들이 흘러들어가는 것을 막는 것도 있었는데 왜 그러는지 아는 사람이 있냐고 했다. 내가 고민을 하는 동안 한 친구가 그걸로 비자금을 조성하는 걸 막기 위해? 라고 답하자 그것도 하나의 이유라고 했다. 그러면서 사치품의 원산지가 어디든 북한으로 제공되거나 판매하는 걸 금지하는 것이 제재의 의미를 갖는 처벌 중 하나라고 했다. 우리가 언뜻 이해가 되지 않는다는 표정을 짓자 그녀는 예를 들어 차, 시계, 명품 같은 것들을 사는 사람들이 누구냐고 물었다. 아하! 나는 그제야 이해가 된다는 듯 고개를 끄덕였다. 음식 같은 것들을 금지하면 그건 가난한 사람들에게 바로 피해가 가는 일이지만 시계나 차를 사는 사람들에게 압박을 가하는 것이 목적이라고 말이다. 에휴, 그런 걸로라도 북한이 더 이상 세계 평화를 위협하는 일을 안 하면 정말 좋을 텐데….

옆의 총회실에 들어서자 그녀는 이전보다 내게 더 눈을 맞춰주고, 내 초롱초롱한 눈빛에 보답해주는 것처럼 천천히 말을 해주었는데, 세계의 여러 나라들이 모이는 만큼 어떻게 의사소통을 하는지 아냐고 물었다. 그녀는 손을 들어 그들이 앉아있는 의자 뒤쪽과 위편에 투명한 유리로 가려진 공간을 가리켰다. 통역관들이 뒤에 앉아 통역을 하고, 좌석 옆에

놓인 보청 기구를 사용해 해당 언어로 통역되어 무리 없이 회의가 진행된다고 했다.

본회의장까지 구경을 다 한 후에 나는 바깥의 복도로 이어진 곳에 전시된 것들이 내 눈길을 끌었는데, 핵의 위험성에 대해 설명하는 그 곳엔 참혹함을 알려주기라도 하듯 몇 가지 물품들이 놓여 있었다. 히로시마 근처의 나가사키의 돌조각상은 손과 몸 여기저기가 잘려나가 있었고, 폭탄이 터졌을 당시의 열 때문에 동전과 무기, 각종 물건들이 불에 타 뒤얽혀 고철덩어리가 된 것들을 보자 눈살이 찌푸려졌다. 그리고 홀로코스트로 인해 박해 받은 유태인들까지…. 전쟁의 잔혹함과 참혹성에 새삼 나는 얼마나 평화로운 시절을 보내고 있는가, 하는 생각에 감사해졌다. 이

히로시마 원폭으로 팔을 잃은 천사상

러한 내용 뒤에는 UN의 평화유지군에 대한 설명이 이어졌는데 나는 조금 이상한 생각이 들어, 왜 전쟁을 반대하는 UN에서 군대를 보내는지에 대해 물었다. 그녀는 당연히 할 수 있는 물음이라고 말문을 열었다. 헷갈리지 말아야 하는 부분이라고, 잘 들어달라는 당부와 함께. UN이 보내는 군대는 옳고 그름을 판단해 전쟁에 참여해 어느 한 쪽을 승리로 이끌기 위한 목적이 아니라 그야말로 평화 유지군, 분쟁 지역에서 민간인들이 희생당하지 않고 휴지가 이어질 수 있게 유지하는 목적의 군대라고 했다. 그래서 국경 근처의 분쟁 지대에선 평화유지군이 필요하다고 했다. 파란 헬멧이 특징인 청색 베레모가 공식 복장이며 10만 명이 넘는 인원이 전 세계에 퍼져 있다고 한다. 평화를 유지하는 것에도 군대가 필요하다니. 나는 이 아이러니를 인정해야 했다.

UN본부 앞엔 룩셈부르크 작가의 조각상이 있는데, 총부리가 구부러져 매듭을 짓고 있는 조각이었다. 평화에 대한 갈망은 총부리를 서로에게 겨누지 않는 것에서부터 시작하는 건데…, 앞으로 점점 이렇게 해나가기 위한 과정이겠지? 세계 평화의 길은 멀고도 험하구나.

UN이 말하는 인권 선언문 내용이 적힌 액자도 한쪽 벽면을 차지하고

있었다. 모든 사람들은 평등하다, 모든 사람들은 그의 나라의 정부에 소속될 권리가 있다. 어떤 사람도 고문당하거나, 비인간적인 처벌을 받지 않을 권리가 있다. 모두는 자유롭고 평화롭게 살 권리가 있다. 모두는 법 이전에 인간으로서 대접받을 권리가 있다, 모든 사람들은 사회의 구성원으로 사회의 안전을 보장받을 수 있다는 것부터 차별받지 않을 권리까지 정말이지 기본적인 내용들이었다. 너무나 당연한 이 내용들이 지켜지지 않는 나라들이 아직도 많다는 뜻이겠지? 아직 우리나라도 갈 길이 멀다는데 기본적인 인권마저 지켜지지 않는 열악한 나라에 사는 사람들은 오죽할까. 옛날 같으면 텔레비전도, 인터넷도 되지 않아 아무 것도 모르고 살다가 그렇지 않은 다른 나라들을 보게 되면 더 큰 상실감이 들 텐데 말이다.

재작년에 학교에서 신문을 활용한 수업을 할 때에 아랍의 인권에 대한 기사가 매일같이 나오곤 했었다. 특히나 '카이로의 봄'이라는 주제로 NIE 활동을 하기도 했었는데, 이집트 시위에서처럼 소셜네트워크를 통해 인권을 외치는 사람들이 문득 생각났다. 이들 나라들에서도 하루빨리

모두가 행복해질 수 있으면 좋을 텐데.

세계 평화라는 거창한 이름 앞에 나는 너무 작았고 내가 할 수 있는 게 무엇일까 하는 고민이 들었다. 처음에는 많은 꿈들 중에 갈등을 했었지만, 어느 순간 외교관이라는 확고한 직업이 나의 마음에 자리 잡게 되었다. 나는 나이에 비해 적지 않은 횟수의 여행을 했다. 여행을 통해 여러 나라의 문화를 경험하고 여러 인종과 직접 만났다. 사람의 욕심은 끝이 없는 것 같다. 여러 나라를 가면 갈수록 다른 나라를 더 가고 싶고, 호기심은 갈수록 커져만 갔다. 욕심이 커지는 순간에 반기문 유엔 총장의 자서전을 학교 선생님의 선물로 읽게 된 후로 나 역시 외교관으로서, 후에

UN에서 일하고 싶다는 생각이 이곳을 방문하며 더 굳어졌다.

일정 마지막으로 UN의 기념품들을 파는 가게에서 나는 엽서 하나를 샀다. UN 본부는 국제적 영토이기 때문에 우체국이 따로 존재했다. 이곳에서 엽서를 써서 UN에 보내고 싶은 나의 말과 이곳에서의 감회를 적은 엽서를 국제 우편으로 내게 보냈다. 시간이 지나고 이 엽서를 보는 미래의 나는 어떤 사람이 되었을까? 두근거리는 마음을 안고 다시 발길을 옮겼다.

자유의여신상

내게 미국 하면 떠오르는 이미지 중 하나는 단연 자유의 여신상이었다. 아마 여행객들의 대부분이 그렇게 생각한다는 걸 뉴욕 사람들은 잘 알고 있는 듯, 여기저기에서 자유의 여신상과 관련된 관광 상품들을 팔고 있었다. 마치 에펠탑 앞에서 에펠탑 모양의 열쇠고리를 열 개 묶음으로 싸게 팔 듯 자유의 여신상도 다양한 크기로 길거리에 전시되어 있었고, 엠파이어 스테이트 빌딩 안에 있던 기념품 가게에선 자유의 여신상의 뾰족한 뿔이 달린 왕관 모양의 머리띠를 팔기도 했다. 게다가 초콜릿 가게인 M&N의 캐릭터가 마치 자유의 여신상처럼 포즈를 취하고 있는 상품들이 나를 유혹했다. 그러니 한 손에는 횃불을, 한 손에는 독립선언서를 들고 뿔이 달린 왕관을 쓰고 있는 자유의 여신상을 보자 드디어 미국에 왔다는 실감이 나기 시작했다.

우리는 자유의 여신상이 있는 리버티섬으로 들어가진 못했지만 허드슨강을 운행하는 페리를 타고 자유의 여신상 주변을 비롯해 뉴욕시의 전경을 돌아보기로 결정했다. 줄이 꽤 길어 혹시나 오래 기다리게 되면 어쩌나 싶었는데 생각보다 페리가 커서 기다리던 사람들이 쑥쑥 그 안으로 한꺼번에 다 들어갈 수 있었다. 들어가자마자 갑판의 좋은 자리를 차지하기 위해 한 시간이 넘는 시간 동안 줄을 섰다. 다리가 아프긴 커녕 다시 항구로 돌아갈 즈음엔 벌써 끝이라는 생각이 들 정도로 페리를 탄 건

잘한 선택이었던 것 같다. 페리는 관광용이라서 그런지 배마다 가이드가 농담을 곁들여 뉴욕에 대한 설명을 해주었다. 앉아서 뉴욕을 조망하는 사람들, 서서 강바람을 얼굴로 맞으며 뉴욕을 느끼는 사람들, 계속해서 사진을 찍느라 바쁜 사람들…. 큰 뱃고동 소리와 함께 페리는 그렇게 출발했다.

가이드의 설명을 다 알아들을 수 없었다. 강바람은 꽤나 거칠게 불었고 소리 또한 위협적이었다. 확성기에서 울리는 소리는 자리를 옮길수록 작게 들렸다. 나는 뉴욕에 오기 2주 전부터 자료를 모아 내가 직접 만든 가이드북을 꺼내 읽었다. 스스로 만든 가이드북은 몇 번의 여행을 통해 터득한 가장 효율적인 방법이었다. 책의 필요한 부분만 찢어 붙이거나 옮겨 적었고 미리 짠 일정 순서대로 정리해 그때그때 찾아보기 쉽게 만든 것이었다. 그리고 여행지를 직접 찾은 이후에는 내가 느낀 부분을 적을 수 있도록 별도의 공간도 따로 마련해 밤마다 여행지에서의 일기를 쓴다. 언제라도 노트를 펼치면 몇 년 전의 여행이라고 해도 바로 엇그제 일처럼 떠올릴 수 있도록.

자유의 여신상에 대한 백과사전식의 설명보다 마음에 들어 직접 옮겨 적었던 시가 있었다. 자유의 여신상의 받침대에 새겨져 있다는 에머 래저러스가 지은 《새로운 거상》(The New Colossus, 1883)이라는 소네트인데 섬 안으로 들어가진 못해 눈으로 직접 보진 못했지만 페리에서 바라본 모습만으로도 그 느낌을 짐작할 수 있었다.

"정복자의 사지(四肢)를 대지에서 대지로 펼치는,
저 그리스의 청동 거인과는 같지 않지만
여기 우리의 바닷물에 씻긴 일몰의 대문 앞에
횃불을 든 강대한 여인이 서 있으니
그 불꽃은 투옥된 번갯불, 그 이름은 추방자의 어머니
횃불 든 그 손은 전 세계로 환영의 빛을 보내며
부드러운 두 눈은 쌍둥이 도시에 의해 태어난,
공중에 다리를 걸친 항구를 향해 명령한다
오랜 대지여, 너의 화려했던 과거를 간직하라!
그리고 조용한 입술로 울부짖는다
너의 지치고 가난한
자유를 숨쉬기를 열망하는 무리들을
너의 풍성한 해안가의 가련한 족속들을 나에게 보내다오
폭풍우에 시달린, 고향없는 자들을 나에게 보내다오
황금의 문 곁에서 나의 램프를 들어올릴 터이니."

추방자의 어머니. 모든 추방자들을 감싸 안아주는 어머니. 자유를 숨

쉬기를 열망하는 무리들의 어머니. 우리가 이렇게 줄을 서서 평화롭게 출발한 곳이 곧 이민자들의 도시인 미국에, 이민자들이 처음 도착한 곳이었다. 아메리칸 드림을 안고 이곳에 온 사람들이 드디어 미국임을 알게 하는 징표가 바로 자유의 여신상이었다고 한다. 횃불을 들고 있는 여신상이 바로 아메리칸 드림의 상징이자 시작이며 그 고단한 여정의 끝을 말해주었을 것이다. 작년에 보았던 영화 〈희망보트〉와 허드슨 강의 풍경과 겹쳐졌다. 세네갈 사람들이 유러피안드림을 꿈꾸며 작은 배에 의지해 목숨을 걸고서 유럽으로 가는 이야기였다. 아마 그때의 이민자들 역시 그런 마음으로 배를 타고 미국으로 흘러들어왔을 것이다. 전쟁과 독재, 가난을 피해 얻은 꿈과 희망, 자유의 상징에 페리는 점점 가까워지고 있었다. 나는 태어날 때부터 이미 가졌던 것들을 그들은 이곳에 와서야 찾은 거였다.

자유의 여신상이 세계 문화 유산인 이유도 물론 이렇게 거대한 상을 만들었다는 것 자체에도 의의가 있지만 자유의 여신상이 함의하는 것 때문이 아닐까? 자유의 여신상이 오른손에 들고 있는 횃불이 여전히 자유를 갈망하는 모든 사람을 부르고 있기 때문이라고….

날이 맑지 않았던 탓에 분명치 않은 윤곽의 자유의 여신상 앞에서 페리는 속도를 낮추고 그 주변을 돌기 시작했다. 지금이에요! 지금 찍으세요! 마치 우리에게 포토타임을 주듯이 말이다. 크다고 말은 들었지만 생각보다 더 거대한 사이즈의 여신상 밑엔 전망대에 들어가려는 사람들 줄이 한참이나 이어져 있었다. 배에서 바라본 사람들은 여신상과 비교가 되어 정말 개미처럼 보일 정도로 작았다. 이렇게 거대한 상을 어떻게 운반하고 세웠을까? 게다가 다른 동상들과 달리 에메랄드색인 자유의 여신상은 더 신비롭게 느껴졌다. 날이 맑았다면 저 색깔이 모두 사진에 담겼을 텐데…. 아쉬움이 남았다.

자유의 여신상을 배경으로 사진을 찍으려고 서자 여신상 쪽에서 맨하튼의 풍경을 볼 수 있었다. 저 안을 돌아다닐 때엔 고개를 꺾어야 볼 수 있었던 빼곡한 마천루의 스카이라인이 한눈에 보였다. 레고 블록으로 쌓아놓은 듯 크고 높은 빌딩들이 오밀조밀하게 모여 있는 도시 풍경을 가장 잘 바라볼 수 있는 곳은 허드슨 강이었다. 다시 뒤를 돌아 자유의 여신과 눈을 맞추었다. 그녀가 바라보는 뉴욕은, 미국은, 세계는 어떤 모습일까. 아직도 그녀의 손에 들린 횃불과 독립선언문이 필요한 수많은 나라들을 보고 있는 건 아닐까?

세계무역센터

처음 아메리칸 항공을 타고 뉴욕에 오던 날부터 하루에도 몇 번씩은 검문소를 지나고 그때마다 가방을 열어 확인시켜주어야만 했다. 심지어 공항 경유 지역이었던 댈러스에서 뉴욕행 비행기로 갈아탈 땐 마치 처음 비행기를 타는 듯 입국 수속을 다시 진행해야 했다. 게다가 뉴욕의 길거리엔 경찰관들이 지나는 사람들을 주시했고 건물 입구마다 공항 검문처럼 꼼꼼하게 사람들의 짐을 검사했다. 안 그래도 관광객이 많은 도시에서 길어진 줄의 입장이 늦어지는 것만큼 귀찮고 짜증나는 일은 없다. 뉴욕의 까다롭고 불친절한 얼굴을 마주할 때마다 불쾌했지만 이해를 못하는 바도 아니었다. 벌써 12년이나 흘렀지만 여전히 사람들은 911테러의 악몽에서 자유롭지 못하다. 내가 타고 왔던 항공사였던 아메리칸 항공의

항공기가 2001년 9월 11일 아침, 세계무역센터의 북쪽 건물과 충돌하고 뒤이어 유나이티드 항공의 항공기가 남쪽 건물과 충돌해 두 건물이 모두 붕괴된 사건. 두 대의 항공기에 탑승했던 사람들 전원이 사망하고 건물 안 삼천여 명이 넘는 사람들이 사망한 이른 바 미국대폭발테러사건이 바로 911테러 사건이다. '테러'라는 표현보다 '비극'이라는 단어가 먼저 떠오르는, 어릴 적 뉴스에서 봤던 그 충격적인 장면은 뉴욕에 사는 사람들에게도 그렇지만 뉴욕을 찾는 사람들에게도 아직까지 생생한 현실이다.

이 비극적인 세계무역센터가 새로 생겨나는 곳으로 가는 길은 밝고

경쾌한 하늘색의 천막으로 만들어진 이정표를 따라 가면 된다. 9/11 Memorial entrance on greenwich st.라는 간단한 문구와 함께 커다란 흰색 화살표를 따라가면 입구가 보이는데, 입구로 가는 길엔 뉴욕 내의 가장 높았던 세계 무역 센터의 위용을 보여주듯 복원 공사가 한창이었다. 미국 경제를 상징하는 110층의 쌍둥이 건물을 비롯해 부속건물들의 터엔 다시 건물들이 지어지고 있었다. 이전의 쌍둥이 빌딩이 있던 자리엔 '그라운드 제로'라는 이름의 추모 공원이 조성되어 있었다. 처음 그곳으로 가려던 무거운 발걸음은 희망적인 하늘색의 현수막들과 분주한 공사장의 생동감에 조금 풀어진 것 같은 기분이 들었다.

달리 예약을 하지 않아 줄을 서고 기부금을 내고 짐 수색까지 마친 후에 들어선 그라운드제로엔 두 개의 월풀이 커다란 소리를 내고 있었다. 이 두 개의 폭포 호수 같은 곳은 쌍둥이 빌딩이 무너진 건물터에 만들어 놓은 조형물이다. 이 커다란 구멍으로 폭포의 물들이 끊임없이 떨어지고 있다. 계속해서 쏟아지는 물소리가 대신해서 그들을 기억하고 아파하며 울어주는 걸까. 월풀을 감싸고 있는 검은 동판엔 희생자들의 이름들이 빼곡하게 들어차 있었다. 물방울이 묻어 있는 검은 동판을 따라 걷다보니 어떤 이름엔 하얀 장미꽃이 꽂혀 있기도 했다. 무너졌던 건물을 새로 세우는 오랜 시간이 흘렀어도 그들은 여전히 이곳에서 그들을 기억하고 있었던 걸까. 검은 동판을 파서 만든 이름들의 묘비에서 마치 이름이 패인 것처럼, 상처는 시간이 지나면 아물겠지만 여전히 상처 자국은 남아 있다는 생각이 들어 마음이 아팠다. 두 개의 큰 월풀을 걷는 동안 한국 사람의 이름도 보였다. 얼굴도, 나이도 모르는 그 사람의 이름 위에 튀긴 물방울들을 닦아주고 하늘을 올려다봤다. 하늘은 맑고 쾌청했다.

그리고 올려다 본 하늘처럼 이 비극의 현장에서도 여전히 삶은 진행되고 희망은 자란다는 걸 보여주는 존재가 있다. 바로 울타리를 친 나무다. 이름도 살아남은 나무(survival tree)다. 911 테러 당시 건물이 내려앉았을 때 유일하게 거리의 나무 가운데 살아남았다. 반쪽을 잃었던 나무가 살아남았다는 사실만으로도 왠지 숙연한 마음이 들었다. 처음 이 나무를 브롱크스 공원으로 옮긴 뒤 싹을 틔워 원래 있었던 이곳으로 옮겨왔다는데 주변 나무들보다 더 크고 단단해보였다. 절반을 잃었음에도 기적적으로 다시 살아나 자라고 이렇게 초록의 나뭇잎들을 피운 것에서 얼마나 많은 사람들이 희망을 얻었을까. 이 나무를 지나 남쪽 방향의 월풀로 발걸음을 옮겼다. 북쪽의 월풀과 비슷한 크기의 동일한 디자인이었다. 남쪽이여서인지 그늘졌던 북쪽의 월풀에 비해 햇빛이 들어 월풀가를 걷는 내내 따뜻했다. 거대한 구멍으로 떨어지는 물들이 반사된 자리에 햇빛이 비춰 무지개가 뜨기도 했다.

어쩌면 이곳에 오기 전까지 나는 마음이 아프다는 말에 숨어 실상을 제대로 마주하지 못했던 것 같다. 내 앞에서 일어나지 않았던 일과 이게

정말 현실인지, 영화인지 분간할 수 없을 정도로 충격적이었던 영상을 틀어주는 텔레비전과 그 뒤로 세계를 시끄럽게 했던 미국의 보복 전쟁에 대해 깊게 생각하는 걸 피해왔던 것이다. 생각을 정리하는 것이 힘들었다. 아침, 등굣길마다 지하철 입구에선 아프리카의 아이들을 도와달라며 서명과 기부를 부탁하는 사람들이 있고 매주 주말 저녁엔 '사랑의 리퀘스트'가 방영되고 있다. 기부도 하나의 유행인 것처럼, 내 팔에도 팔찌 하나를 사면 학비가 없어 학교조차 갈 수 없다는 르완다의 빈곤 아동들을 도와줄 수 있다는 팔찌가 있다. 죽음과 불행은 너무나 가까이 있었고 대체 왜, 어디서부터 무엇이 잘못됐는지 여전히 알 수 없다. 미국을 두둔하는 것도, 미국의 행위가 모두 옳다는 건 분명 아니지만 왜 항상 무고한 시민들이 희생되는 걸까 생각했다. 이런 비극적인 사건들을 일으킨 사람이 아니라 평범한 사람들이 피해를 보는 건 가슴아픈 일이다.

이곳에 모인 기부금으로 지어졌다는 One world trade center를 보았다. 이 기부금들로 건물이 세워지는 것이 맞는 일일까? 나는 좀 삐딱한 생각이 들었다. 물론 이곳에 오는 사람들이 이 비극에 같이 마음 아파하고 동참하는 것이기도 하지만 세상의 많은 비극들에도 제대로 눈을 마주치지 않는 사람들이 이곳에 돈을 기부하고 만들어지는 세계무역센터가 어떤 모습일지는 아무도 모르는 거 아닌가 싶었다. 세계 경제를 이끌어가는 건물 중 하나가 바로 세계무역센터지만 그 경제의 모습이 정말로 '세계의 경제'를 위한 것인지는 모를 일이다.

그렇게 생각하며 메모리얼파크의 출구에 있는 기념품 가게에 들어섰다. 이전의 세계 무역 센터의 모습이 박힌 책과 엽서나 사진들을 팔거나 911 날짜가 새겨진 티셔츠부터 시작해 검은색의 우산들까지 다양한 물건들이 있었다. 이곳에서만 판다는 내셔널 지오그래픽에서 출판한 〈A place of remembrance〉 책을 뒤적여 보며 내가 정말 떠올려야 하는 것들은 무엇일까 생각하며 아무 것도 사지 않고 기념품 가게를 나왔다. 팔레스타인과 이스라엘, 그리고 미국의 역학관계에 대해 자세히 알 수 없지만 미국이 이민자들의 도시이고 여러 인종들이 섞여 있으며 UN본부가 있는 곳이라는 전혀 매치되지 않는 두 가지의 사실들이 동시에 떠올랐다. 세계무역센터가 무너진 날 역시 텔레비전에서 바로 생중계가 될 만큼 세계는 지구'촌'인데 여전히 우리는 '우리'만 생각하는 건 아닐까. 서로 간의 갈등 없이 모두가 평화롭게 살아가면 좋을 텐데. 아랍 사람들 역시 911 테러가 일어났을 때 거리로 뛰쳐나와 환호를 하면서도 미국이 자신들에게 보복을 하지 않을까 걱정하며 불안에 떨었다고 한다. 이렇게 불안이 불안을 낳고, 서로가 서로에게 복수를 끝없이 되풀이하는 게 끊어졌으면, 하고 눈을 감고 기도했다.

한인타운

엠파이어 스테이트 빌딩을 나와 바로 한 블록만 걸어가면 낯선 도시에서 낯익은 글자가 보인다. 순간 뉴욕의 상징인 노란색 택시들보다 한글이 씌여있는 간판들이 먼저 눈에 들어오는데 바로 그곳이 한인타운이다. 간판, 광고판, 메뉴판을 비롯해 모든 것들이 영어인 나라에서 본 한글은 반가웠다. 고작 며칠 여행을 온 나도 이렇게 반가운데 미국에 정착하고 사는 사람들이 여기에 오면 얼마나 반가울까.

처음엔 미국식으로 햄버거와 피자, 치킨을 매일 먹는다는 생각에 너무 좋았었다. 같은 맥도날드를 먹어도 미국 햄버거가 더 맛있게 느꼈다. 하지만 좋은 것도 하루 이틀이지, 시간이 지나니 한국에서 먹었던 음식들이 생각났다. 호텔방에선 친구들과 뭐가 먹고 싶다, 뭐가 먹고 싶다, 읊

어대며 입맛을 다셔야 했다. 심지어 인스턴트 식품들까지 생각났다. 그래서 한인 타운의 한 슈퍼마켓에서 컵라면을 몇 개 사려고 들렀다 깜짝 놀랐다. 너무 비쌌다. 여기서 우리나라와 미국의 물가 차이가 확 느껴졌다. 물론 바다 건너 왔으니 비싼 건 당연하지만 우리나라에서 1000원 하는 컵라면이 여기선 5달러라니! 거의 6000원이나 하는 셈이다. 6배나 차이 나는 컵라면을 손에 들고 살까말까 고민하는 내 모습을 본 주인 아주머니는 여러 번 본 풍경인 듯 그냥 웃고만 계셨다. 내 마음 속 고민이 시작됐다. 먹고 싶은데 그냥 살까? 아니야, 1000원짜리를 어떻게 6000원을 주고 사? 고민 끝에 나는 컵라면을 계산대 위로 올려놓았다. 생각해보면 여기 사람들에겐 그렇게 비싼 가격은 아닐 것 같았다. 우리가 일정 내내 아무리 싸게 먹어도 만 원 정도 들었던 걸 생각하면 한 끼 식사로 6000원인 건데 뉴욕에선 뉴욕의 물가에 울면서 따라갈 수밖에. 게다가 여기 사람들은 우리나라 사람들보다 훨씬 임금을 높게 받으니 사실 이 정도야 간식 가격이랑 다르지 않을 것이다.

바쁜 일정 속에서도 우리가 한인 타운에 들를 수 있었던 것은 한인 타운이 뉴욕의 중심에 위치하고 있었기 때문이다. 엠파이어 스테이트 빌딩과도, 브로드웨이와도 가까운 번화가에 있다. 차이나타운이 뉴욕의 끝에 있는 걸 생각해보면 신기한 일이다. 보통 우리나라의 차이나타운도 인천에 있듯 도심 한복판에 있진 않으니까 말이다. 사실 큰 규모의 한인 타운은 퀸즈나 플러싱에 있다고 하지만 맨하튼 한복판에 스트리트 하나가 한인 타운으로 조성되어 있다는 것이 놀라웠다. 초기 한인타운에 정착한 한인들 역시 백 년 전의 다른 나라의 이민자처럼 미국인들이 기피하는 힘들고 어려운 일들을 도맡아 했다. 그래서 그런지 한인 타운은 두 가지의 시간대가 서로를 마주보고 있다. 80년대에서부터 90년대의 시간과 현재의 시간. 가게 스타일이나 이름까지 서로 다른 시대가 공존하고 있는 곳이었다. 아마 초기에 자리를 잡았던 가게들은 '한밭', '고려당', '나라은행', '아리랑'과 같은 이름을, 최근에는 미국으로의 진출을 꿈꾸며 한인 타운에 자리를 잡은 익숙한 프랜차이즈 브랜드들이 이름을 내걸고 있었다.

한인타운이 아니어도 한국 브랜드들을 뉴욕 여기저기서 만날 수 있었

다. 타임스퀘어를 걸었을 때 너무나도 익숙한 '카페베네'가 그것도 꽤 크게 자리잡고 있는 걸 보고 얼마나 신기했는지! 게다가 한인타운처럼 한국사람들이 아니라 외국 사람들로 가득해 왠지 신기했다.

브로드웨이의 여러 광고판들 중에 한국에 대해 소개하는 전광판도 있었는데 독도에 대한 영상이나 비빔밥을 형상화한 영상도 있었다. 실제로 한인 타운엔 한국사람 말고 외국인들도 볼 수 있었는데 외국인이라고 해도 베트남이나 태국 사람처럼 보이는 아시안들이 많긴 했지만 서양 사람들도 다수였다. 미국의 채식주의자들이 점점 늘어나면서 이들이 제일 선호하는 음식이 비빔밥이라고 들었는데, 맞을까? 엑스맨의 배우 휴 잭맨의 아내가 진행하는 김치 크로니클이라는 프로그램이 있는데 거기서도 이런 말을 했었다. 이 방송에 대해서는 뉴욕의 유명 한식집인 뉴욕 곰탕의 직원들이 말해 주었다. 그 분들도 한국 사람들이 반가운지 미국의 관한 이런저런 이야기를 많이 해주셨다. 나도 말이 트이니까 자연스럽게 그분들과 한국의 내부 상황과 사회적 이슈 등에 대해 얘기를 나누었다. 역시 같은 민족끼리는 무언가 통하는 것이 있는 것 같다.

어딜 가나 한국 음식은 주목 받고 맛있는 음식으로 통하는 것 같다. 뉴욕 곰탕 집에서도 외국인들이 꽤 있었다. 그리고 한식집이 아닌 뷔페를 가도 단무지처럼 김치 역시 꼭 있었다는 사실도 그랬다. 사실 미국 음식하면 떠오르는 것들이 몇 없다. 여행을 다니면서 내가 먹었던 음식들 역시 피자나 햄버거 외엔 뭐가 전통 음식인지 잘 모르겠다. 하지만 일본식 데리야끼 음식을 먹어도, 중국식 뷔페를 먹거나 멕시코 음식, 태국식 음식을 먹어도 어딘지 모르게 미국식으로 바뀐 맛이었다. 아마 미국에 있는 모든 음식들을 미국 음식이라고 부를 수 있지 않을까? 미국 자체가 이민자들의 도시이고, 이민자들이 모여 자국의 음식을 먹고, 서로의 음식들을 입맛에 맞춰 조금씩 변형해가는 것처럼…. 그렇게 시간이 지나면서 자연스럽게 미국에 있는 모든 것들이 결국은 미국식이 된 거겠지. 인종의 용광로라는 미국인만큼 당연히 음식도 이렇게 세계의 축소판처럼 느껴진다.

그래서인지 한인 타운 역시 한국적이지만 뉴욕의 일부이고, 그건 차이나타운이나 리틀이탈리아 역시 마찬가지일 것이다. 한국이면서도 미국인 곳. 이 이상하고 이중적인 경계에서 나는 잠시 이들이 한국인일까, 미국인일까 궁금해졌다. 처음 이민을 온 사람들은 한국인에 가까웠을 테고 그들의 2세들은 아마 미국에서 자라 미국에서 컸으니 미국인에 가까울 것이다. 그럼에도 늘 "Where are you from?"이라는 질문을 받을 것만 같은 그들에겐 한인타운이 나처럼 꼭 반갑지만은 않을 것 같다는 쓸쓸한 생각도 든다.

하버드

하버드 대학교하면 누구나 한번쯤 들어보았을 미국의 일류 대학교, 세계 1등의 대학교이다. 나는 하버드대의 분위기, 건축양식, 하버드 학생들에 대한 많은 기대와 긴장을 하고 갔었는데, 하버드의 모든 것이 나의 기대에 미치지 못했다. 정문에 딱 들어서는 순간부터 그랬다. 대학교 문치고는 좀 작은 것이 아닌가 싶었다. 익숙한 시골같은 느낌을 받았기 때문이다. 그래도 나름 분위기는 학구적인 느낌을 풍겼지만, 세계 일류 대학이라는 분위기와는 거리가 멀었다. 대체 이 평범한 학교가 세계의 모든 학생들이 선망하는 그런 대학교인 이유가 뭘까?

하버드의 뜰에는 자유로운 분위기가 느껴졌다. 벤치에서 발을 뻗고 누워 책을 보거나 담소를 나누는 장면을 보고 대학 생활의 자유로움을 예상할 수 있었다. 내가 꿈꾸는 대학교엔 언제나 잔디밭에 둘러앉은 대학생들이 있었다. 나는 그곳을 찬찬히 둘러보며 하버드를 소개해줄 학생 가이드 분을 기다렸다.

처음 인사부터 범상치 않은 인상을 주는 분이었다. 귀가 아플 정도로 말이 굉장히 빠른 사람이었다. 내 친구들 중에서도 천재적인 두뇌를 가

진 친구가 있는데 그 친구도 굉장히 말이 빠르고 행동이 독특한 친구다. 이 분도 그런 류의 사람이란 생각이 들었다. 머리가 좋은 사람들은 행동 하나하나가 눈에 띄고 자기만의 특징이 강하다는 생각이 들었다. 인사를 나누고 대략적인 하버드의 설명을 듣는 것보다 나는 하버드에 다니는 학생들이 궁금해졌다. 다들 독특한 천재들만이 모인 곳인지 말이다. 아니면 공부벌레들이 모여 있는 곳이거나.

"하버드엔 어떤 사람들이 오나요?"

하버드에서 강의도 하시는 이 연구원 선생님이 웃는다. 이런 질문을 백 번은 받아본 사람처럼 능숙하게 답한다.

"다들 공부벌레들만 이곳에 오는 것 같지만, 사실 하버드는 공부벌레들을 좋아하진 않아요. 음, 좀 이상한 말이지만 그래요. 여긴 엘리트들이 모인 곳이 아니라 다양한 사람들이 모인 곳이에요. 하버드의 모토는 다양성이에요. 실제로 나이나 성별, 배경과 국적에 상관없이 다양한 학생들이 모여 있고 또 생각보다 다들 평범하게 학교생활을 하고 있죠."

이상한 대답이다. 하버드는 공부벌레들을 좋아하지 않는다고? 내가 아는 하버드 출신의 유명인사들만 해도 이렇게나 많은데 말이다. 미국의 대통령 중 여섯 명이나 배출한 학교가 바로 하버드란 사실은 나도 이미 알고 있다. 현재 미국의 대통령인 버락 오바마 역시 하버드 대학교 출신이고 우리나라의 초대 대통령인 이승만 박사 역시 하버드 출신이다.

"그럼 하버드를 하버드로 만드는 건 대체 뭔가요?"

내 질문에 선생님은 곰곰 생각하는 표정이었다. 이 질문은 좀 예리했나? 나는 한방 먹인 표정으로 뿌듯하게 답을 기다렸다.

"이건 날카로운 질문이네요. 하버드의 역사나 건물들을 설명해주는 것보다 훨씬 말이에요. 뭐라고 답을 해야 좋을까요? 기부금과 재산이 가장 많다는 이야기? 세계적인 명성을 가진 유명한 교수진들? 여러분들도 알고 있듯 대통령을 가장 많이 배출한 교육 커리큘럼?"

그는 잠시 우리의 표정을 살피다 말을 잇는다.

"난 이렇게 생각해요. 나는 카이스트에서 공부를 하고 뒤늦게 연구원으로, 이제는 조교로 학생들을 가르치면서 깨달은 게 있어요. 나 역시 늘 하버드에서 공부를 하고 싶었고 하버드를 경험하고 싶었어요. 여러분도 그런 마음으로 이렇게 하버드를 보러 온 거죠? 하버드에 입학하면 어떨까? 이곳에선 어떤 공부를 할까? 이렇게 말입니다. 세계의 모든 학생들이 하버드를 알고 있고 하버드에 오고 싶어 해요. 그게 하버드를 하버드로 만드는 가장 중요한 점일 거예요."

친구들은 말장난 같은 대답이라며 웃었지만 이해가 안 될 듯 이해가 되는 대답이었다. 많은 사람들이 오고 싶어 하는 그것이 하버드를 하버드로 만드는 것이라는 건 마치 우리가 서울대를 선망하는 이유와도 비슷한 것 같았다.

선생님은 과학 박사임에도 소설을 무척 좋아하시는 것 같았다. 도서관 앞에서 표정은 매우 밝았고 자신이 하버드에 와서 가장 좋았던 일 역시 평소 좋아했던 유명한 소설가를 만날 수 있었던 것이라고 했다. 폴 오

스터나 오르한 파묵이라는 작가를 아냐고 물으며 이 작가를 만나서 함께 이야기할 수 있고, 이분들의 강의를 들을 수 있는 것이 아마 하버드에서의 가장 큰 행복이라고 말했다. 나는 생소한 작가들 이름 앞에 잠시 침묵하자 선생님은 다시 풀어서 이야기를 해주었다.

"내가 하버드에서 겪었던 일들은 하버드가 세계에서 가장 뛰어난 사람들이 모인 것이라 가능한 일이었어요. 가장 중요한 건 '어디서'도 중요하지만 그곳에 누가 모였는지, 무엇을 위해 모였는지도 중요한 거라 생각합니다."

수많은 멘토들이 텔레비전에 나와 강의를 하고 좋은 말을 해주지만 하버드에 와서 들으니 더 가슴에 와 닿았다. 내가 어떤 사람인지 알려면 내 주변을 돌아보면 된다는 말이 이런 뜻이었을까?

훌륭한 외교관이라는 꿈을 위해 앞으로도 공부도 더 열심히 할 계획이다. 실패를 두려워하지 않고 계속해서 도전할 수 있는 사람이 되고 싶다. 물론 이건 정말이지 힘든 일이라는 생각이 든다. 많은 학생들이 하버드에 오기 위해 갖은 노력을 한 것처럼, 나 역시 여러 문화와 언어에 대해 관심을 갖고 꿈을 향해 나아가리라 다짐했다. 하버드대 졸업 후 외무고시를 패스하고 훌륭한 외교관 유희민이 되는 미래. 그 미래의 꿈에 대한 이야기를 하자 선생님이 어깨를 치며 말을 이었다.

"나 역시 아직 많은 질문들과 어떻게 꿈을 이루며 직업을 유지할지에 대해 고민한단다. 너 역시 여러 측면에 대해 다양한 답을 하고 방법을 찾겠지만, 한 가지 분명하게 말해주고 싶은 게 있어. 네가 한 질문은 사실 답을 필요로 하지 않는다는 거야. 네가 그 질문을 하고, 그렇게 다짐을 하는 건 사실 네가 그 답을 찾았을 때, 그 답을 향해 갈 수 있다는 뜻이기도 하기 때문이야. 많은 사람들은 자신이 어디로 가고 싶은지도 알지 못한 채 그냥 지나가기도 해. 그러니까 네 삶은 지금 바른 길을 걷고 있는 거지. 하버드에서 보낸 네 시간과 네가 한 생각들이 의미있는 일이었길 바란다."

제퍼슨기념관

뉴욕에 가면 햄버거를 먹어봐! 세 개의 유명한 햄버거 집이 있는데 그 중 하나라도 꼭 먹어봐야 뉴욕에 다녀왔다고 하지! 참, 센트럴파크도 걸어야 하고, 브루클린 브릿지 밑에 유명한 피잣집이 있으니 거기도 가보고! 뉴욕 하면 엠파이어 스테이트 빌딩에 올라가서 야경을 봐야지! 애플 매장도 한번 가봐!

여름에 뉴욕에 간다는 말에 주변의 지인들은 가봐야 할 곳, 꼭 먹어야 할 맛집들을 추천해주었다. 보스턴에 간다니 하버드 대학교 마크가 들어간 공책을 사달라고 부탁을 받기도 했다. 그런데 워싱턴D.C.에 대해선 별

로 들은 바가 없었다. 자연사 박물관? 우주 항공 박물관? 그 외엔 들은 것도, 배경 지식도 없었기 때문에 워싱턴D.C.에 직접 오기 전까지 영 느낌이 오지 않았다. 딱딱한 느낌의 관공서와 박물관들만 즐비한 그런 곳일까?

우리가 도착했을 때, 워싱턴 기념비는 공사 중이었는지 오벨리스크는 철제로 덮여 있었다. 단 70초 만에 탑 위의 전망대에 도착한대서 기대하고 있었는데 그럴 수 없다고 생각하니 어깨가 축, 쳐졌다. 워싱턴D.C. 내엔 워싱턴기념탑보다 더 높은 건물은 지을 수 없도록 법으로 금지되어 있다고 한다. 몰 중앙에 하늘을 향해 우뚝 솟아있는 모양새는 워싱턴D.C. 내에서 언제 어디서든 조지 워싱턴 기념비를 볼 수 있게 한다고. 존경과 경의의 표시와 동시에 '당신을 지켜보고 있다'고 생각하게 하는 일석이조의 의도가 있다고 한다. 관공서의 창 밖으로 초대 대통령의 기념탑을 보고 있으면 확실히 일을 제대로 하지 않을 수가 없겠지, 암!

그런데 왜 이집트에 있었던 오벨리스크가 워싱턴의 기념비인걸까. 나이에 어울리지 않게 여러 나라를 여행하는 동안 늘 그 물음이 내 뒤를 따라다녔다. 뉴욕의 센트럴파크를 걸을 때에도, 메트로폴리탄 박물관 뒤편엔 오벨리스크가 우뚝 서 있었다. 파리에서 에펠탑을 향해 갈 때에도 시내엔 오벨리스크가, 런던의 내셔널 갤러리 앞에서도 말이다. 하늘을 향해 우뚝 솟아있는 오벨리스크들을 볼 때마다 이걸 옮겨온 자국의 '힘'을 선전하려는 뜻일까 싶기도 했지만 내겐 유럽 여행을 하는 동안 내내 서구 열강의 제국주의적 이면을 본 것만 같아 불편하기만 했다. 낭만적인 풍경과 이국적인 분위기를 즐기는 동안 마주친 오벨리스크엔 그런 것들이 숨어 있었다. 식민과 약탈로 얼룩진 서구 문명의 두 얼굴….

몇 번의 여행으로 내가 점점 성장한 걸까. 선생님은 멋모르고 사진을 찍고 감탄사만 내뱉던 내가 이렇게 컸냐며 머리를 쓰다듬어 주셨다. 그리고 워싱턴 기념비인 이 오벨리스크는 이집트에서 가져온 것이 아니라 오벨리스크를 본 따서 만든 것이라고 알려주셨다. 게다가 세계 최고 높이의 오벨리스크라고. 흐음, 그렇구나. 어쩐지 아이러니하다. 미국은 유럽에 비하면 신흥국인데 유럽에 있는 오벨리스크보다 더 높은 게 미국에 있다니! 일부러 유럽에 지기 싫어서 이렇게 세운 걸까? 너넨 훔쳐왔지? 우린 우리가 이렇게 높게 지었어! 마치 이런 느낌? 뭐 사실 관계는 잘 모르는 일이지만….

달리는 차 안에서 내내 워싱턴 기념비를 보며 제퍼슨 기념관에 도착했을 때, 토마스 제퍼슨에 대한 설명을 듣는 동안 내 눈은 그 뒤에 펼쳐진 조용한 연못에 고정되어 있었다. 연못이라고 하기엔 한강처럼 보일 정도로 크고 넓었다. 연못에서 배를 띄워 보트를 타는 사람들도 있었고 자전거를 타고 지나는 사람과 조깅을 하는 사람들이 보였다. 살랑살랑 부는 바람에 초록의 잎들이 흔들리고 있었다. 잎들 사이로 비치는 빛줄기에 눈이 부셨다. 작은 팻말 하나가 그 앞에 박혀 있었다. 작년에 이 벚나무들이 심어진 게 100년이 되었다는 기념 팻말이었다. 1912년 일본에서 우정의 선물로 받은 3천여 그루의 벚나무가 이젠 '봄'하면 워싱턴의 벚꽃을 떠올릴 정도로 유명한 축제가 되었다고 한다. 팻말엔 이에 대한 이야기가 길게 쓰여 있었는데 '일본 벚꽃'이라 불렀던 것을 일본이라는 이름을 빼기로 했다는 내용도 있었다. 올해 여의도 벚꽃 축제에서도 그렇고

벚꽃이 일본 꽃이 아니라 제주도가 원산지라는 글을 봤는데 그래서 그런가?

나는 막연하게 외교라는 것이 관련 업무에 필요한 세계적인 시선을 갖추는 것이 기본이라고 생각했는데 외교에도 여러 방법들이 있다는 걸 새삼 깨달았다. 벚꽃을 선물하는 것만으로도 워싱턴에 놀러온 많은 사람들이 일본을 떠올리고, 워싱턴에도 벚꽃 축제가? 라며 호기심이 생겨 미국에 올 때 이곳을 방문하게 될 테니까. 이렇게 우호적인 관계를 유지할 수 있는 비결이 벚나무 하나에서부터 시작될 수 있다니. 하긴, 국가간 외교라는 게 고리타분한 정치적 현안들만 이야기하면 무슨 재미가 있을까. 결국은 먹고, 보고, 즐기고 이런 삶의 부분들에서 자연스럽게 연결고리를 찾고 그 연결고리가 많을수록 정말 지구'촌'이라는 말처럼 하나의 마을 주민같이 친근하게 생각되는 거겠지? 학교에서 미국과 중국이 수교

를 할 때 '핑퐁 외교'가 시발점이 되었다고 배웠던 적이 있었는데 탁구공 하나에 국가간 수교로까지 이어진다면 그깟 핑퐁! 핑! 퐁! 내가 백 번은 더 쳐줄 수 있을 텐데!

연못에서 뒤를 돌자 판테온과 같은 모양을 하고 있는 토마스 제퍼슨 기념관은 매끄럽고 하얀 신전 같았는데 햇빛이 비치자 훨씬 더 맨질맨질하게 빛이 났다. 흰 대리석이 주는 그 특유의 느낌. 고결하고 존경스러운, 경외심이 절로 생기게 하는 그런 느낌 말이다. 링컨기념관의 링컨 동영상과 달리 우뚝 서있는 토머스 제퍼슨 동상은 더욱 그의 신념을 굳건하게 표현하는 듯 보였다. 거무스름한 어두운 색의 동상이 흰색의 기념관과 더 대비되어 보여서 그런 걸까. 서른세 살에 회의에 참여하며 전제 정치에 반대 의견을 냈고, 독립 선언서를 기초했던 사람이 바로 이 사람이구나. 후에 미국 국토를 두 배로 넓히고 국무장관과 부통령을 역임했던 이 사람. 동상 앞에 서서 나는 크게 숨을 고르고 그의 얼굴을 빤히 보았다.

그의 나이 서른셋. 내 나이 서른셋은 어떤 모습일까? 아직 고등학교도 가지 않은 나, 곧 대학교에 갈 나. 대학교를 나와서 외교관이 되기 위해 여러 나라들을 돌아다니고 시험을 준비하고…. 고개를 돌리면 벽에 빼곡하게 새겨진 글들이 그의 정신을 말해주고 있었다. 독립 선언과 종교적 자유, 생명과 자유와 행복의 추구, 교육 기회의 평등. 그의 신념을 나 역시 갖고 싶었다. 나는 그의 것들을 다 먹어버릴 기세로 크게 호흡했다. 이런다고 그가 가졌던 생각들을 훔칠 순 없겠지만 잊고 싶지 않아서 집중해서 숨을 쉬었다.

명절마다 친척 어른들이 사촌 형, 누나들에게 하는 말들이 있다. 학교는 잘 다니니? 회사 생활은 잘 하지? 결혼은? 그런 것들이 중요하지 않다고는 생각하지 않는다. 하지만 그보다 더 큰 것들을 꿈꾸고 싶어진다. 물론 그러기 위해선 학교도 잘 다녀야 하고, 시험도 잘 보고 좋은 대학교에 가서, 더 열심히 공부를 해야 한다. 하지만 목적 없이 달리기만 하는 차에 오르는 건 지루하기만 하듯 내가 어딜 보고 어느 쪽으로 달려야 하는지 생각하며 마음을 다잡는 순간은 긴 마라톤에 대비한다면 꼭 필요한 일 같다. 일단은 영어부터 공부하자! 또 너무 멀리만 보고 어떤 것을 해야 할지 몰라 어영부영 지내면 안 되니까. 차근차근, 조금씩 가다보면 언젠가 내 꿈을 펼칠 날이 오지 않을까.

백악관

말 그대로 "White House"인 백악관은 한눈에 봐도 하얀 집이라 알아보기 쉬웠다. 아 저기구나! 그런데 가까이 가면 갈수록 정말 여기가 백악관인가? 싶어 고개를 갸우뚱거렸다. 생각보다 작고 평범한 건물이었다. 으레 예상하는 것처럼 거대하거나 위용 있는 모습이라기보다 작지만 단단한 느낌? 관저 주변엔 경비가 오히려 다른 관광지보다 허술하단 느낌이 들어서일까. 게다가 하얀 건물과 초록의 잔디밭은 푸근한 느낌이 들었다. 물론 철창이 쳐져 있어 그 앞으론 갈 수 없어 멀리서만 백악관을 지켜봐야 했지만 말이다.

이렇게 경비가 삼엄하지 않아도 괜찮은 건지 물었다. 미국은 대통령이 피살된 적도 있었는데 싶어서. 그랬더니 관저 위나 주변에 숨은 경비병들도 있다고 했다. 진짜 영화처럼 말이다! 지붕 위에서 저격수들이 잠복해 있다가 위험 인물이라고 판단되면 당장에라도 쏠 수 있다고 경고했다. 그래서 총을 꺼내는 듯한 행동이나 의심을 받을 행동은 하지 말라는 주의를 주었는데 왠지 자꾸 지붕 쪽으로 슬금슬금 눈길이 가는 건 내 장난기 때문인가! 히히.

숨겨진 저격수가 있다는 이야길 들어도 백악관은 평화로운 분위기였다. 사실 백악관이 미국의 정치적 심장이라곤 해도 백악관 자체가 영향을 미치는 게 아니라 그곳에서 대통령이 무슨 발언을 했느냐가 중요한 거니까 어쩌면 당연한 느낌인지도 모르겠다. 새삼 워싱턴D.C.의 중요성을, 백악관의 영향력이 느껴졌달까.

백악관에는 방위가 표시된 허리 높이까지 오는 비석(?)같은 것이 있었다. 돌에는 “Point for the measurement of distances from washington to on high ways of the United States.”라고 적혀 있었다.

사실 워싱턴은 미국의 세 번째 수도다. 처음 미국의 수도였던 뉴욕이 동부에 치우쳐져 있는 것을 서부 사람들의 반발을 수용해 만들어진 계획도시가 바로 워싱턴D.C.다. 그리고 그 사이에 임시 수도로 필라델피아가 있었고, 지금의 워싱턴D.C로는 1800년경에 옮겨왔다고 한다.

위치만큼이나 미국의 중심인 백악관은 사실 세계 정치에도 커다란 영향을 끼친다. 워싱턴D.C.에서 수많은 국제사회의 이슈들이 논의되고 있고 내가 여행을 오기 3개월 전에는 반기문 사무총장 역시 백악관에서 오바마 대통령과 회담을 하기도 했다. 이제 백악관의 입장은 단순히 미국뿐이 아니라 전 세계에 파급력을 줄 정도로 엄청나다는 것은 아직 어린 나도 안다. 백악관은 그렇게 국제사회의 표준을 만드는 곳이다. 이렇게 생각하니 작고 아담한 저 건물이 달리 보였다. 깨끗하고 연약한 느낌을 주는 하얀색이 아니라 훨씬 더 강력하고 모든 빛이 혼합되어 강한 느낌을 주는 하얀색으로 보였다고 하면 표현이 적절하려나?

백악관이 처음 백악관으로 불리게 된 것은 1914년 영국과의 전쟁 때 불태워졌던 때로 거슬러 올라간다. 불에 타 잿더미가 된 건 아니고 그을려져서 검게 된 부분을 흰색으로 다시 칠하면서 화이트 하우스라고 불리게 되었던 것이 1918년 다시 개관하고, 1960년대에 다시 전반적으로 치장해 지금의 모습과 흡사하게 됐다고 한다. 그러나 백악관은 대통령이 바뀔 때마다 조금씩 변했다는데 루즈벨트 대통령의 당구대와 투루먼 대통령의 2층 베란다, 초대 부시 대통령의 편자던지기 레인과 클린턴 대통령의 조깅트랙이 추가되었다는 이야기를 들으니 왠지 대통령들이 좀 친근하게 느껴지기도 했다. 위엄 있는 건물이라고 하더라도 역시 사람 사는 집이라는 생각이 든다고 할까?

우리가 워싱턴D.C.로 이동하는 동안 나는 차 안에서 안철수의 강의 영상를 보았다. 의사에서 안철수 연구소의 대표로, 대통령 후보로까지 이름을 알려서 대단한 사람이라고 생각하기만 했는데 막상 강의를 들으니 이 사람도 그냥 보통 사람이구나 싶긴 했다. 물론 나와는 비교자체가 안 될 정도로 대단한 분이지만 말이다. 그는 겸손하게 우린 모두 같은 사람이라고 말하면서 여러분들도 충분히 다 할 수 있다고 하며 용기를 북돋아주었다. 특히나 강의를 보며 내가 받아 적었던 말이 있다. 바로 삶의 태도에 대한 말이었다. 처음부터 의사가 아니라 공과대학에 갔으면 더 나은 백신을 개발했을 거고, 처음부터 경영을 공부했더라면 연구소를 잘

이끌어나갔을 거라고…. 그러나 의대 지식과 CEO, 경영학 교수로서의 지식보다 그 모든 일에 열심히 한 삶의 태도가 지금까지 큰 도움이 되었다는 말이었다. 의료봉사를 하며 보낸 시간들이 사람들과 함께 살아가는 법을 가르쳐 주었다고 말하며 인생에 있어 그 어느 것도 쓸모없는 건 없다고, 이런 삶의 태도와 생각이 자신을 만들었다는 말이었다. 무엇을 했느냐보다 어떻게 살았느냐가 중요하며 열심히 사는 치열함이 그 사람을 만들고 삶의 태도가 그 사람을 만든다는 말이었다.

사실 대통령도 그렇다. 선거철마다 바뀌는 것처럼 대통령으로 정해져서 태어나는 사람이 누가 있겠는가. 게다가 대통령은 혼자서 되는 게 아니라 수많은 참모진의 도움과 국민들의 지지가 만들어내는 것처럼 외부 적인 요인이 더 중요한 게 아니었던가.

클린턴 부부가 주유소에 자동차 기름을 넣으러 갔을 때, 그곳 주유소 사장이 힐러리 여사의 옛 남자친구였다고 한다. 주유를 하고 돌아오는 길에 빌 클린턴이 의기양양하게 말했다고 한다. "만약 당신이 나 대신 저 남자와 결혼했으면 당신은 주유소 사장의 부인이 되었겠지?"라고. 그러자 힐러리 여사는 "아니오, 아마 저 남자가 미국의 대통령이 되었을 걸요."라고 말했다는 일화처럼, 생각하기에 따라서 그 미래를 스스로 만들어 갈 수 있단 사실이다.

강의에서 받아 적었던 것 하나가 또 있다. 바로 자신의 한계를 높이는 것. 매 순간 어려움에 닥쳤을 때, 쉽게 포기하지 말고 바로 지금이 내 한계를 시험하는 순간이라는 마음으로 노력해야 한다는 말이었다. 쉽게 포기해버리면 거기가 평생 동안 넘지 못할 한계가 되는 것이라는 말이었다.

오바마 대통령 역시 흑인으로 태어나 대통령이 되기까지 얼마나 많은 역경을 딛고 그 자리에 올랐을까. 그러나 그 모든 것들을 이겨내고 지금 현재 백악관의 주인이 되어 국제적인 힘을 가진 대통령이 된 것처럼, 나 역시 백악관 건물 앞에서 내게 닥친 힘든 것들을 이겨내야겠다고 다짐했다. 외교관이 되고 싶다고 말만 하는 것이 아니라, 외교관이 되기 위해 하기 싫은 공부도 해내고, 이 과정들이 모두 내 미래에 어떻게 사용될지 모른다는 마음으로 포기하지 않고 말이다.

승무원

비행기에 들어갈 때부터 깍듯하게 어서 오라고 인사를 하며, 즐거운 여행 되라고 말해주는 친절한 여승무원들을 보는 순간부터 내 여행은 시작이다. 그제야 여행을 간다는 실감이 난다. 그러나 우리나라 항공사들의 승무원들은 거의 젊고 예뻤던 반면 이번 여행에서 아메리칸 에어라인을 탔을 때엔 조금 다른 것 같았다. 키도 작거나 큰 사람, 몸집도 마른 사람부터 뚱뚱한 사람까지 다양했다. 나이대도, 외모도 저마다의 개성이 있었다. 승무원이 예쁜 사람들만 하는 거라고 들었는데 그것도 나라마다 조금 다른 것 같았다. 하긴, 뭐, 승무원이 예쁜 게 전부가 아니지!

오랜 비행 탓에 지쳐서 자다 깨 물을 달라고 했을 때, 미국 승무원이 그냥 'OK'라고 말하곤 물을 가져다주었는데 조금 퉁명스러운 느낌이 들었다. 밤이라 그런가? 자기도 피곤해서? 우리나라 같으면 물을 줄 때도 90도로 인사하면서 친절했는데 말없이 물만 가져다주고 휑하니 가버리니 기분이 좀 그랬다. 이거 설마 인종차별은 아니겠지? 아니면 내가 어려서 무시하는 건가? 옆자리에 앉은 친구에게 이야기를 하니 지현이나 민재 모두 원래 우리나라만큼 서비스가 친절한 나라는 드물다고 했다. 아마 그래서 그런 거라고, 여기선 그냥 물을 달라고 하면 정말 물만(?) 가져다준다고 말이다. 그렇다곤 해도 인도 항공이나 홍콩의 국적기도 다 타봤는데 유독 더 쌀쌀맞은 기분이 들긴 했다. 왜 우리나라 항공사가 세계 1위인지 새삼 깨달았다. 오랜 시간 비행에도 늘 친절하게 대해주기가 어디 쉬운 일인가. 승무원들도 많이 힘들 것 같긴 하다. 승객이야 웃으면서 친절하게 해주면 좋지만 승무원도 인간인데 마냥 친절할 수만은 없을 것이다. 특히나 나처럼 친절한 서비스를 당연하게 여기는 사람도 많았을 테니 더 힘들었겠지. 괜히 반성하는 마음이 들었다. 앞으론 친절하게 대해주는 거에 대해서 당연하게 여기지 말고 감사하다고 꼭 말해줘야지!

햄버거

햄버거를 먹으러 갔을 때 사람들이 많아 기다렸던 곳은 Shake Shack 버거 가게가 처음이었다. 맥도날드, 버거킹, 롯데리아 등등 많은 햄버거 가게에서 햄버거를 먹어봤지만 맛으로도, 양으로도 Shake Shack 버거만한 곳이 없었다. Shake Shack 버거가 뉴욕에 오면 꼭 먹어야 하는 맛집으로 유명하고 3대 햄버거 집 중 하나이며 오픈 시간부터 줄을 서야 할 정도인 곳이라고 말은 들었지만 소문난 집에 먹을 거 없다는 말처럼 기대가 크면 실망도 큰 법이기도 해서 과연 그 정도일까? 하는 의심을 하며 갔었다. 그런데 한 입 먹는 순간, 정말 뭐라고 표현해야 할지. 패티에서 육즙이 느껴지는데 고기가 너무 맛있어서 햄버거를 순식간에 먹어치울 정도였다. 그리고 이름부터 느껴지듯 햄버거와 함께 유명한 쉐이크도 시켜 먹었다. 가격은 $5로 비싸긴 했지만 유명하다는데 여기까지 와서 안 먹어볼 수 없어 하나를 주문했다. 달고 맛있기도 하지만 가격이 비싸 알아보니 공정무역과 유기농으로 지은 농산물을 식재료로 쓰기 때문이라고 한다. 그런 거라면 뭐 이해해야지. 그래서 우리나라의 햄버거 체인점들과 달리 신선하고 맛있는 건가 싶기도 했다. 값은 비싸도 맛있는 음식은 여행의 즐거움을 배가시킨다.

Shake Shack 버거, Subway, Burger fuel이 내가 3대 햄버거 가게로 뽑는 가게 들이다. 내가 뉴질랜드에 있었을 때 방과후에 친구들과 Burger fuel이라는 햄버거 가게에서 햄버거를 사먹곤 했었다. 거기도 유기농 재료들을 사용하는지는 모르겠지만, 아무튼 굉장히 크고 맛있었던 걸로 기억한다. 아쉽게도 우리나라에는 체인점이 없는 걸로 알고 있다. 하루빨리 Burger fuel의 체인점이 들어와 그 때의 추억을 떠올리며 한국 친구들과 이 햄버거를 먹고 싶다. Subway 또한 나와 친구들이 자주 가던 햄버거와 비슷한 샌드위치 집이다. 이곳은 햄버거라고 부르기에는 애매모호한 점이 있기는 하다. 야채가 너무 많아 샌드위치 같다는 느낌을 받았다. 크기가 커서 먹기가 좀 힘들지만 손님이 직접 샌드위치에 넣을 재료를 고를 수 있다는 장점이 있다. 이 두 곳이 제일 맛있다고 생각했는데 Shake Shack 버거에 간 이후부터 생각이 달라졌다.

그런 이야길 하며 햄버거를 다 먹고 치우려는데 따로 분리수거 통이 없었다. 우리나라에서처럼 컵을 버리고 종이를 버리고 음식물 쓰레기를 따로 버리는 시스템이 아니었다. 한 곳에 모아서 버리면 점원들이 따로 분리수거를 하는 건 아닌 것 같았는데…. 어쩐지 이상하단 생각이 들었다. 공정무역을 통해 생산지에 도움을 주고 유기농 원료를 사용해 음식을 만드는 곳에서 왜 쓰레기는 이렇게 마구 버리는 걸까. 그러고 보면 뉴욕을 포함해 내가 갔던 보스턴이나 워싱턴D.C. 모두 제대로 된 분리수거함을 못 본 것 같았다. 특히나 뉴욕은 더 그랬다. 식당 앞엔 내 허리까지 오는 크고 긴 검은색 비닐봉투가 두세 개씩 늘 있었고 호텔 역시 마찬가지였다. 호텔 뒤편엔 언제나 쓰레기봉투들이 가득했는데 따로 분리수거가 되어 있지 않아 마구잡이로 섞여 있었다. 식당들 역시 음식물 쓰레기를 따로 버리는 곳은 없었다. 하다못해 스타벅스에 갔을 때도 쓰레기를 버리는 입구는 하나였다. 우리나라 스타벅스처럼 남은 음료를 버리는 곳, 쓰레기를 버리는 곳, 빨대나 음료컵을 버리는 재활용통이 나눠져 있지 않았다. 대체 뉴욕엔 그럼 누가 쓰레기를 분리수거하는 걸까? 이렇게 한데 모아서 버리면 쓰레기처리장에서 분류를 하는 건가? 아니면 아예 분리수거를 하지 않는 걸까.

어느 쪽도 좋은 건 아니었다. 쓰레기처리장의 그 쓰레기더미에서 하나하나 분리수거를 한다는 것도 말이 안 되는 것 같았고 아예 분리수거를 안 한다는 것도 믿어지지 않는 일이었다. 쇼핑의 천국이라는 뉴욕에서 쇼핑을 한 이후의 그 포장지와 쇼핑백들은 어마어마하게 쏟아질 텐데 음식물 쓰레기와 뒤섞인 걸 어떻게 하는지 모르겠다. 그 생각을 하자 그 맛있던 가게들 앞에 놓인 쓰레기봉투들만 눈에 들어오기 시작했다. 지하철이나 관광지 입구마다 차고 넘치던 쓰레기통들과 우리가 뉴욕항에서 자유의 여신상을 보기 위해 페리를 타고 난 후 그 옆, 푸드코트에서 먹었던 곳에서까지 사용했던 1회용 식기들까지. 다른 관광지들에 비해 뉴욕이 더러운 이유는 이 쓰레기들 때문이었을까?

계절엔 계절에 맞는 음식을 먹어야 한다고, 살아있는 유기농 샐러드바와 샌드위치를 판매하는 가게를 보며 유기농 음식들과 쓰레기봉투더미들을 다시 번갈아 떠올렸다. 이상한 뉴욕의 한 부분을 훔쳐본 것만 같은 기분이 들었다.